Karl Hansing

Hardenberg und die dritte Koalition

Karl Hansing

Hardenberg und die dritte Koalition

ISBN/EAN: 9783743627192

Hergestellt in Europa, USA, Kanada, Australien, Japan

Cover: Foto ©Suzi / pixelio.de

Weitere Bücher finden Sie auf **www.hansebooks.com**

HISTORISCHE STUDIEN

VERÖFFENTLICHT

VON

E. EBERING
DR. PHIL.

HEFT XII.

HARDENBERG UND DIE DRITTE KOALITION. VON KARL HANSING.

BERLIN 1899
VERLAG VON E. EBERING.

HARDENBERG

UND

DIE DRITTE KOALITION.

VON

KARL HANSING
DR. PHIL.

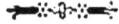

BERLIN 1899
VERLAG VON E. EBERING.

Meinem verehrten Lehrer

Herrn Geh. Regierungsrat

Professor Dr. Max Lehmann,

Inhaltsübersicht.

                                                                  Seite

Einleitung. . . . . 1—6
Erstes Kapitel. Der Sommer 1804. Die Aufhebung
    Rumbolds und die Verhandlungen mit Russland
    und Oesterreich. . . . . 7—31
Zweites Kapitel. Verhandlungen nach allen Seiten.
    August und September 1805. . . . . 32—59
Drittes Kapitel. Der Potsdamer Vertrag und seine
    Folgen . . . . 60—90
Schluss. . . . . 90—99
Anhang. Die Friedensbedingungen vom 11. April und
    3. November 1805. . . . . 101—109

Der leitende Gesichtspunkt der preussischen Politik seit dem Baseler Frieden war die Aufrechterhaltung der Neutralität. So lange sich die kriegführenden Mächte die Wage hielten, war dies System ungefährlich und, wenn man sich, wie es geschah, bei Zeiten mit dem Sieger verständigte, sogar gewinnbringend. Im Jahre 1802 durften sich die preussischen Staatsmänner einen Augenblick der Freude über das Gelingen ihrer Politik hingeben: da veränderte der Wiederausbruch des Krieges zwischen Frankreich und England, dessen unmittelbare Folge die Besetzung Hannovers durch die Franzosen war, die Lage mit einem Schlage.

Haugwitz, der damals die auswärtigen Angelegenheiten leitete, erkannte recht wohl, dass Preussens Sicherheit durch die Aufstellung einer französischen Armee inmitten seiner norddeutschen Provinzen aufs äusserste bedroht sei, und liess es diesmal nicht an Energie fehlen. Er beantragte Rüstungen und ein "Bündnis mit Russland und anderen nordischen Staaten.'[1] Allein Friedrich Wilhelm war zu einem solchen Vorgehen nicht zu bewegen. Er wollte nicht eher die Waffen ergreifen, als wirkliche Feindseligkeiten Frankreichs gegen preussisches Gebiet geschähen, bis dahin aber strenge Neutralität beobachten und gegen „kleine Usurpationen" nur die „Waffen der Diplomatie" gebrauchen.[2]

Es blieb Haugwitz nichts übrig als mit Frankreich Verhandlungen über Beschränkung der Besatzung Hannovers

---

1. Bailleu II, 154.
2. Friedrich Wilhelm III. an Haugwitz, 9. Juni 1803. Bailleu II, 159.

anzuknüpfen, die aber an den zu weit gehenden französischen Forderungen scheiterten. Napoleon verlangte nicht weniger als ein förmliches Bündnis nur für die Räumung von Ritzebüttel und Cuxhaven; dazu sollte Preussen noch die umfassenden französischen Interessen garantieren.[1] So suchte man sich auf preussischer Seite wenigstens durch wechselseitige mündliche Erklärungen gegen französische Gewaltschritte zu wahren. Preussen versprach an seiner Neutralität festzuhalten, auch keine Durchmärsche fremder Truppen durch sein Gebiet zu gestatten, vorausgesetzt, dass Frankreich weder grössere Truppenmassen in Norddeutschland versammele, noch die Neutralität der norddeutschen Staaten ausserhalb der hannoverschen Lande verletze. Die französische Gegenerklärung war unbestimmt genug gehalten, und man beeilte sich in Berlin, diesem Mangel einigermassen dadurch abzuhelfen, dass man sie so feierlich wie möglich aufnahm und dabei nachdrücklich hervorhob, man sehe die Sache so an, als ob die preussischen Voraussetzungen angenommen seien; dabei wurden die beiden oben erwähnten Bedingungen noch einmal bestimmt angegeben.[2]

Man hatte doch die französischen Anträge nicht abgelehnt, ohne sich vorher der Beihülfe Russlands gegen einen eventuellen Angriff Frankreichs versichert zu haben. Im Mai 1804 traf dann Preussen in der Form von gegenseitigen, bindenden Erklärungen ein Abkommen mit Russland, das Norddeutschland gegen weitere französische Uebergriffe sichern sollte.[3]

---

1. 30. Dezember 1803. Bailleu II, 228 ff.

2. April und Mai 1804. Denkw. II, 46 ff. 55 f. Bailleu II, 254. 265 ff. Lefèbvre (I, 363) spricht unrichtig von einer Konvention zwischen Frankreich und Preussen.

3. Russische Erklärung vom 3. Mai. Denkw. II, 57 ff. Die preussische vom 24. Mai ebenda S. 59 ff. Martens (Russie) VI, 341 ff.

Alexander hatte gehofft, Preussen bei dieser Gelegenheit mit sich fortzureissen. Er forderte den König auf, zur Wiederherstellung des politischen Gleichgewichts in Europa mitzuwirken, bekam aber eine völlig ablehnende Antwort. Der König riet ihm dringend von einem Kriege zu dem bezeichneten Zwecke ab. Preussen müsse jedenfalls aus Rücksicht auf seine geographische Lage die Neutralität mit allen Kräften zu erhalten suchen.[1]

Man wird darnach die Beschränkungen und Abänderungen, welche die preussische Erklärung gegenüber der russischen aufweist, vor allem aus dem Bestreben zu erklären haben, sich durch Russland nicht wider Willen in einen Krieg mit Frankreich verwickeln zu lassen.

Bei den eben dargestellten Abmachungen wirkte schon der neue Minister des Auswärtigen, Hardenberg, mit, der für den auf unbestimmte Zeit beurlaubten Haugwitz am 14. April die Leitung der Geschäfte stellvertretend, am 13. August endgültig übernahm.[2]

Hardenberg hat zwei Jahre sein Ministerium innegehabt. Es war eine Zeit, wo eine allgemeine Bewegung, die nicht bloss geistiger Natur war, ganz Europa ergriffen hatte, der sich kein Staat entziehen konnte, wenn er nicht die klägliche Rolle übernehmen wollte, die Sachsen im dreissigjährigen Kriege gespielt hat. Es war die Zeit, die Preussens Geschick für die nächsten Jahre politisch entschied, wenn die militärische Katastrophe auch erst später eintrat. Das auswärtige Departement musste unter diesen Umständen als das wichtigste erscheinen, und wenn die Bedeutung seines Leiters durch die geheime Kabinetsregierung herabgesetzt wurde, so war es die Aufgabe eines neu eintretenden, fähigen Ministers, dies verderbliche Institut, das seinem Vorgänger

---

1. Schreiben Alexanders vom 4. Juni, Schreiben des Königs vom 11. Juli 1804. Martens (Russie) VI, 351.
2. Denkw. II, 50 und 72. Kabinetsordre vom 14. Juli. S. 70 ff.

ganz über den Kopf gewachsen war, zu beseitigen.[1] Hardenberg war nicht energisch genug, auf die völlige Entfernung der Kabinetsräte zu dringen, allein er suchte ihren Einfluss möglichst zu beschränken.[2] Würde es nun auch ungerecht sein, die Verantwortung für das, was in jenen Tagen geschah, allein Hardenberg aufbürden zu wollen, so ist doch seine Thätigkeit in dieser Zeit, die in dem gewöhnlichen Bewusstsein sehr gegen seine spätere zurücktritt, von allgemeinerer Bedeutung und weckt darum ein Interesse, das über das bloss biographische hinausgeht.

Hardenbergs Haltung ist von jeher verschiedener Auffassung unterworfen gewesen. Schon die Zeitgenossen schwankten in ihrem Urteile[3], und auch die 1877 erschienenen,

1. Denkw. II, 29 u. 30.
2. Vergl. Denkw. II, 32 f. 58.
3. Die Bewunderer Napoleons machen Hardenberg zu einem Anhänger Russlands oder Englands. So D. v. Bülow, Der Feldzug von 1805 S. VII. Fr. v. Cölln, Vertraute Briefe I, 154, 167, 181, 188 ff. Neue Feuerbrände IV, 7. Ein Artikel der europäischen Annalen von Posselt (1806, zweites Stück S. 146 gez. R. [Rühle?]) erwähnt als die Meinung mancher, die H. kennen, dass er einige Vorliebe für England habe. Auch der Bruder des damaligen englischen Gesandten in Berlin Jackson rechnet H. stillschweigend zu den Anhängern der Koalition, er macht aber den bedeutsamen Zusatz, dass H. nicht Energie genug haben werde, um seine bessere Ueberzeugung durchzusetzen. (Diaries and letters of Sir George Jackson I, 216. 17. Juli 1804.) Bei Lombard (Matériaux pour servir à l'histoire des années 1805, 1806 et 1807 S. 113, 123, bes. 131 f.) kann man zweifeln, ob H.'s Massregeln mehr einem sachlichen Motiv, der Feindschaft gegen Frankreich, oder einem persönlichen, seiner Leidenschaftlichkeit und Mangel an Vorsicht, entspringen. L. giebt zu verstehen, dass das ganze Unglück zu vermeiden gewesen wäre, wenn sich H. nicht den Absichten des Königs widersetzt hätte. Haugwitz tadelt in seinen höchst unzuverlässigen Memoiren (Minerva Okt. 1837 S. 6, 12, 29), dass H. 1805 das System der Neutra-

eigenhändigen Memoiren Hardenbergs haben nicht alle Zweifel gelöst. Gerade die letzteren sind geeignet irre zu führen. Das hat die Kritik aufs schärfste erkannt, sie hat die Widersprüche der Denkwürdigkeiten mit den äusseren Thatsachen wie im Innern des Werkes selbst hervorgehoben.[1] Auch darin sind sich die Forscher einig, dass man Hardenberg nicht als einen entschiedenen Gegner der Neutralitätspolitik anzusehen habe, doch zeigen sich sofort Abweichungen, wo es sich darum handelt, Hardenbergs Politik positiv darzustellen.[2]

lität habe fallen lassen. Im geraden Gegensatze dazu macht F. Buchholz (Gallerie preussischer Charaktere 353, 358 f., 363 f.) H. zum Vertreter der Idee einer vollkommenen Neutralität. Niebuhr urteilt in seinen Vorlesungen über das Zeitalter der Revolution (II, 220) über H., er sei anfangs der Revolution hold gewesen und habe sich dann durch Verhältnisse in das System des Baseler Friedens hineingedacht.

1. Vergl. die Aufsätze von Duncker, Preuss. Jahrbücher Bd. 39 und 42, vereinigt in seinen Abhandlungen aus der neueren Geschichte, und M. Lehmann, Histor. Zeitschr. 39, 77 ff.

2. Bei Duncker (a. a. O. S. 193—196) erscheint H. als Anhänger der Hertzberg'schen Ideen von Erwerbungen auf diplomatischem Wege, Freundschaft zu Frankreich, Feindschaft gegen Oesterreich. Ihn lockt vor allem Hannover. Erst sein Sturz durch Napoleon 1806 macht ihn zum Feinde desselben. Nach M. Lehmann (a. a. O. S. 106) unterscheidet sich H.'s Politik nur wenig von der des Königs und seiner Ratgeber. L. hebt besonders hervor, dass man geglaubt habe, auf friedlichem Wege Eroberungen machen zu können.

P. Bailleu (Deutsche Rundschau V, 11. Heft) schildert H. als einen Mann, der nur dem Augenblicke Rechnung trägt, gewandt, aber ohne gradaus gehende Thatkraft (S. 277). Bis zum August 1805 befindet er sich in wesentlicher Uebereinstimmung mit Haugwitz, dann verlässt er die Bahnen der Neutralität, und es beginnt eine Zeit des Schwankens; vorübergehend (Nov.) ist er sogar ein eifriger Anhänger der Koalition. Nach seiner Entlassung wird er zum Gegner Frankreichs, aber ebenso sehr unter

Vornehmlich nach zwei Seiten bietet sich nun noch Raum zu neuen Forschungen. Das Verhältnis Hardenbergs zu der dritten Koalition ist bisher noch nicht genügend dargelegt worden. Man wird Hardenberg nicht gerecht, wenn man nicht stets seine Stellung gegenüber dem Könige und dessen Ratgebern vor Augen hat. Auch da war noch manches nachzuholen.

Eine Prüfung des gesamten Materials liess sich nicht davon trennen. Hardenberg erscheint darnach nicht in ganz neuer Beleuchtung, aber verändert ist sie doch. Licht und Schatten sind etwas anders, und, wie ich hoffe, gerechter verteilt.

dem Einflusse der öffentlichen Meinung als unter dem Drucke der politischen Verhältnisse. (S. 296.) Im ganzen dieselben Ansichten bringt B. in der Einleitung zu seiner Herausgabe der diplomatischen Korrespondenz zwischen Frankreich und Preussen von 1795—1807 (Publ. a. d. preuss. St.-A. Bd. 29), mit der Modifikation jedoch, dass H. jetzt noch im September das Neutralitätssystem des Königs befolgt. (S. LX.)

A. Wohlwill (Hist. Zt. 62, S. 28 f.) findet, H. habe innerlich mit dem Systeme des Königs doch nicht übereingestimmt, eine thatkräftigere Politik sei ihm sympathischer gewesen, aber er habe es für seine Pflicht gehalten, sich nach den Prinzipien des Königs zu richten. Daneben unterscheidet W. Tendenzen der Anlehnung an Frankreich sowohl wie an Russland. Das Ansbacher Ereignis habe die Wendung in seinem Leben herbeigeführt. Vielleicht habe die Verhaftung Rumbolds zuerst H.'s Verstimmung gegen Napoleon erregt. Der Feindschaft Nap.'s gegen H. schreibt W. grosse Bedeutung zu.

Erstes Kapitel.

Der Sommer 1804. Die Aufhebung Rumbolds und die Verhandlungen mit Russland und Oesterreich.

Der preussischen Politik war in dem Augenblick, als Hardenberg die Leitung der auswärtigen Angelegenheiten übernahm, eine doppelte Aufgabe gestellt. Zunächst musste der Unsicherheit und Gefahr, mit denen die Anwesenheit der Franzosen in Hannover Preussen bedrohte, ein Ende gemacht werden. Diesem Zweck dienten das Abkommen mit Russland[1] und das quasi-Abkommen mit Frankreich. Da-

---

1. Ueber den Anteil Hardenbergs an dieser Uebereinkunft wage ich nichts Bestimmtes zu behaupten. Auf Antrag des Grafen Haugwitz (cf. Bailleu II, 243) hatte der König am 21. Febr. den Zaren gefragt, wie weit er auf Russlands Hülfe rechnen könne. (Denkw. II, 44.) Der Zar hatte ihm am 16. März versichert, dass er ihn nicht verlassen werde. (S. 46.) Hardenberg schreibt sich nun das Verdienst zu, die Unterhandlung zu einer geheimen Verbindung mit Russland eingeleitet und zu glücklichem Ende geführt zu haben. (S. 55 u. 57.) Dadurch wäre man aus der Isolierung herausgekommen. In der That geht die Uebereinkunft weiter als der König ursprünglich beabsichtigte. Wir lernen seine Absichten in einer eigenhändigen Aufzeichnung aus der Mitte des Februar kennen. (Bailleu II, 244.) Er wünscht zwar eine Vereinigung mit Russland, um weiteren französischen Uebergriffen im Norden erforderlichen Falls entgegenzutreten. „Mais la Russie doit nous abandonner le soin de décider du moment même." Der Vertrag setzte aber den casus foederis genau fest: nach der preussischen Fassung beim ersten Angriff der Franzosen auf einen Stand des Reiches auf dem rechten Weserufer.

mit war jedoch nur für das Bedürfnis des Augenblicks gesorgt. Es erhob sich nun die Frage, welche Stellung Preussen zwischen Napoleon und der werdenden Koalition nehmen sollte.

Mochte man in Preussen sich nicht die Kraft zutrauen, selbständig gegen Napoleons drückende Uebermacht vorzugehen, dieser Frage, die Preussen von aussen aufgedrängt wurde, konnte man eine Antwort nicht versagen. Hardenberg hat später in seinen Memoiren bei jeder Gelegenheit hervorgehoben, dass das Neutralitätssystem das unheilvollste gewesen wäre, das man hätte ergreifen können; es sei stets seine innigste Ueberzeugung gewesen, dass man energisch für eine oder die andere Seite hätte Partei ergreifen müssen. Die Akten zeigen uns Hardenberg jedoch in einem ganz anderen Lichte.

(Denkw. II, 60.) Lombard schrieb ferner am 5. Mai an Hardenberg, dass der König zur Isolierung entschlossen sei (S. 55), allerdings nicht in Bezug auf jenes Abkommen. Haugwitz scheint gegen ein Abkommen mit Russland gewesen zu sein, er fürchtete in dessen Pläne hineingezogen zu werden. (Denkschrift vom April 1804, Ranke, S. W. 47, S. 291.) In seinen Memoiren behauptet er, er würde nicht eingewilligt haben, wenn er von der Unterhandlung gewusst hätte, er macht Hardenberg schwere Vorwürfe. (S. 296.) Anders dachte er 1803, wo er den unmittelbaren Angriff Frankreichs fürchtete. (Bailleu II, XXXVII.) Leider lassen die Quellen nicht erkennen, wie weit die Verdienste Hardenbergs im einzelnen reichen. Aber so viel sieht man doch, dass es ihm darauf ankam, aus der Isolierung herauszukommen, einen sicheren Rückhalt zu gewinnen. Eigentlich nur so viel hat Hardenberg selbst als sein Verdienst in Anspruch genommen; wenn also Duncker (Abh. aus der neueren Gesch. S. 197) behauptet, Hardenberg suche sich mit Unrecht ein Verdienst beizulegen, weil er nur darauf bedacht gewesen, das Eintreten des im Vertrage mit Russland stipulierten Kriegsfalles durch Verhandlungen mit Frankreich zu verhüten, so geht er von ganz falschen Voraussetzungen aus.

Bei der definitiven Uebernahme der Geschäfte beeilte sich der neue Minister dem Könige seine Uebereinstimmung mit dessen politischen Ansichten auszusprechen. „Höchstdero politisches System ist auf den biedersten Charakter der Redlichkeit gegründet. Aus Pflicht und Neigung werde ich es unverrückt vor Augen haben."[1] Denselben Charakter der Biederkeit spricht er dem System des Königs zu in einem Schreiben an den preussischen Gesandten in Paris Lucchesini.[2] Das klingt nicht darnach, als ob Hardenberg ein Gegner der Neutralität sei. Darf man ihn nun aber für einen unbedingten Anhänger derselben halten?

In dem erwähnten Schreiben deutet er zugleich darauf hin, dass er doch nicht ganz mit dem Könige übereinstimme. „Ich will hier nicht erörtern, ob es eine dem Ruhme und der Vergrösserung der preussischen Monarchie angemessenere Partie geben könne. Ohne Zweifel können die Meinungen in dieser Hinsicht verschieden sein." Aber, heisst es gleich darauf, man könne sich nur an die Grundlagen halten, auf die der König seine Weise zu sehen und zu handeln gründe.

Es zeigt sich hier also der geheime Wunsch nach Ruhm und Vergrösserung, der bei dem angenommenen Systeme

---

1. Denkw. II. 72. Nach der Erzählung von Haugwitz (Ranke, S. W. 47, S. 294) hat der König Hardenberg geradezu verpflichtet, dem Systeme seines Vorgängers zu folgen. Hardenberg erhebt aber auch bei dieser Gelegenheit keinen Widerspruch gegen das System an sich, sein Unwille richtet sich nur gegen eine solche Gebundenheit, die sich auch darin zeigte, dass dem Grafen Haugwitz immer noch ein gewisser Einfluss auf die Geschäfte vorbehalten blieb.

2. Rien n'est plus loyal, du reste. 25. Mai 1804. Bailleu II, 269.

allerdings keine genügende Befriedigung fand. Das ist aber auch alles, was Hardenberg dagegen einzuwenden hat. Mit keinem Wort erwähnt er, dass er die Neutralität an sich für verderblich hält. Dieser Unterschied ist wohl zu beachten.

Ferner muss man Hardenbergs Ansicht von der allgemeinen Lage in Erwägung ziehen. Es fällt auf, dass Hardenberg durchaus nicht an einen Kontinentalkrieg glaubte, oder doch meinte, den Streit zwischen Frankreich und Russland durch Verhandlungen beilegen zu können.

Lucchesini hatte von dem drohenden Bruche zwischen Russland und Frankreich berichtet und hinzugefügt, dass Napoleon einen Krieg auf dem Festlande wünsche. Hardenberg meinte jedoch,[1] die Eröffnungen Laforests, des französischen Gesandten in Berlin, seien beruhigender als die Darstellungen Lucchesinis.

Ueber die herausfordernde französische Note an den russischen Geschäftsträger in Paris Oubril, in der eine beleidigende Stelle über die Ermordung Pauls I. vorkam, urteilt er: „Der Stil derselben ist gemässigt und in sehr verbindlichen Ausdrücken für des russischen Kaisers Majestät abgefasst, (sie) enthält ... den lebhaften Wunsch, den Frieden zu erhalten, zugleich aber die Sprache einer Macht, die ihre Stärke fühlt, jedoch keineswegs in beleidigenden Ausdrücken."[1]

Damit vergleiche man, was er selbst später über diese Note in seinen Memoiren[2] sagt: er nennt sie beleidigend, „voll von Anzüglichkeiten, Unwahrheiten und Sophismen."

Drei weitere Zeugnisse aus dem Sommer 1804 beweisen, dass es sich nicht bloss um eine vom Augenblick abhängige, vorübergehende Meinung handelt. Auch die Ansicht wird dadurch ausgeschlossen, dass Hardenberg nur das Widerstreben des

---

1. An den König. 24. Mai 1804. Bailleu II, 265.
2. II, 63. 65.

Königs gegen ein Abkommen mit Russland habe durch eine beruhigende Schilderung der Weltverhältnisse überwinden wollen.

Er erklärt dem Könige am 6. Juni, trotzdem die Spannung zwischen Russland und Frankreich einen sehr hohen Grad erreicht habe, scheine viele Hoffnung vorhanden, den Bruch zu verhindern: „Bonaparte arbeitet offenbar dahin und sucht, vorjetzt wenigstens, einen Krieg auf dem festen Lande zu vermeiden."[1] In Petersburg wie in Paris scheine man nicht die Absicht zum Angriffe zu haben. Von dem Wiedereintritte Pitts erhofft er sogar eine Annäherung zum Frieden. Bonaparte habe Friedensanträge gemacht, und die Hoffnungen eines guten Erfolgs seien vielleicht grösser, als sie Lucchesini schildere. Von einem Bündnisse Englands mit Festlandsmächten sei in den offiziellen Nachrichten nichts enthalten, höchstens handle es sich um eine defensive Uebereinkunft zwischen Russland und England gegen weitere französische Uebergriffe in Italien oder der Levante: — man weiss, dass Russland schon seit Beginn des Jahres 1804 mit Oesterreich und England über eine Koalition gegen Frankreich unterhandelte. Am 10. September[2] schreibt er dem Könige, die französische Regierung hege den Wunsch, sich Russland wieder zu nähern; er verspricht sich guten Erfolg von Verhandlungen beider Mächte in Berlin unter preussischer Vermittlung. Noch am 22. Oktober meint er,[3] Alexander bleibe seinem friedfertigen Systeme treu, die Besprechungen mit England bezögen sich bloss auf die möglichen Fälle, wo Russland zum Kriege genötigt würde.[4]

---

1. Bailleu II, 272.
2. Bailleu II, 291.
3. Bailleu II, 306. An Lucchesini.
4. Vergl. dagegen die Instruktion für Novossiltzoff. Mazade II, 27 ff.

Hardenberg sah also die Dinge nicht so schlimm an. Napoleon, meinte er, sei einem Kontinentalkriege abgeneigt, an eine Koalition glaubte er nicht, die Spannung zwischen Frankreich und Russland hoffte er durch Vermittlung zu überwinden,[1] und dahin gingen denn die eifrigen Bemühungen Preussens, anfangs nicht ohne scheinbaren Erfolg.[2]

Bald erhoben sich neue Schwierigkeiten. Schweden machte Miene, in Schwedisch Vorpommern ein Truppenkorps aufzustellen, und es bedurfte einer energischen Abmahnung Preussens, um den Angriff gegen die Ruhe Norddeutschlands auf dieser Seite von vornherein abzuwenden. Hardenberg fühlte lebhaft das Verzweifelte der Lage. Am 22. Oktober schreibt er an Lucchesini:[3] „Unsere Lage ist schrecklich, und in jedem Augenblick werden neue Verlegenheiten entstehen, solange die Franzosen Hannover besetzt halten." Auch diese Thatsache, die er doch richtig erkennt, giebt ihm keine Veranlassung auf energische Mittel zu sinnen. Den Gedanken einer gewaltsamen Abhülfe weist er vielmehr ausdrücklich zurück. Man habe dem Uebel zuvorkommen müssen, und das wäre gegangen, ohne sich mit jemandem zu verfeinden, jetzt könne man kein Heilmittel dagegen anwenden, ohne Gefahr zu laufen. So kommt er denn auf den Plan eines Abkommens über Hannover zurück. Gegen Garantie der Neutralität sollte Preussen Hannover in Verwahrung nehmen, oder wenigstens sollte die französische Besatzung stark vermindert werden. Hardenberg hat schon bald nach seinem Amtsantritt dem französischen Gesandten von dieser Absicht Andeutungen gemacht,[4] woraus Laforest folgerte, Hardenberg habe den

---

1. Vergl. was er darüber an Lucchesini schreibt, 1. Nov. 1804. Bailleu II, 310.
2. Denkw. II, 67. 88.
3. Bailleu II, 306.
4. 18. August 1804. Bailleu II, 285.

geheimen Wunsch, mit Frankreich eine unbeschränkte Allianz (alliance absolue) zu schliessen. Der König selbst war auf den Gedanken gekommen, Hannover beim Frieden gegen seine westfälischen Provinzen auszutauschen.[1] Die vorläufige Besetzung des Landes durch Preussen konnte dazu leicht den Uebergang bilden.

Also weder die allgemeinen Weltverhältnisse noch die Gefahren der Lage in Norddeutschland vermochten Hardenberg, dem bisherigen Systeme entgegenzutreten.

In diesem Augenblicke geschah ein neuer, unerhörter Gewaltschritt Napoleons in Norddeutschland, der sich zwar nicht direkt gegen Preussen richtete, aber das französische Versprechen vom Mai d. J. (oben S. 2) verletzte und die Ehre Preussens auf das empfindlichste traf: die Aufhebung Rumbolds, des englischen Geschäftsträgers beim niedersächsischen Kreise, dessen Direktor der König war. Sofort war Hardenberg ein anderer. Er fühlte auf das lebhafteste, dass Preussen diese Beleidigung nicht ruhig hinnehmen dürfe; er war entschlossen, es im Bunde mit den anderen Mächten sogar auf einen Krieg ankommen zu lassen; Napoleon erschien ihm auf einmal als der Usurpator, der alle Welt mit Knechtschaft bedrohe. Dem österreichischen Gesandten gegenüber erging er sich in heftigen Schmähungen auf Napoleon. „Es ist klar, dieser Narr (fou) strebt nach der Universalmonarchie." Er wolle alle gewöhnen, sich seiner Gewaltherrschaft zu fügen. Hardenberg erkannte ausdrücklich an, dass die bisherigen Massregeln Preussens zur Erhaltung der Ruhe eindrucklos bleiben müssten. Nur eine Vereinigung der drei Ostmächte könne Napoleon einen Damm entgegensetzen. Er schien unwillig zu sein, dass diese Vereinigung nicht schon bestand.[2]

---

1. Lombard an Hardenberg. 2. Oktober 1804. Bailleu II, 296.

2. Bericht Metternichs vom 28. Oktober, Oncken II, 10.

Hardenbergs erbitterte Stimmung tritt ferner deutlich in den Randbemerkungen zu Tage, die er zu einem eben eingelaufenen Bericht Lucchesinis machte.[1] Er unterwirft Napoleons Verhalten einer herben Kritik. Was Lucchesini über wohlwollende Aeusserungen Napoleons für Preussen berichtet, erklärt er einfach für Schmeicheleien (cajoleries).

Ueber Hardenbergs Stimmung in diesem Augenblicke kann demnach kein Zweifel sein. Aber ist es mehr als eine vorübergehende Wallung einer leicht erregbaren Natur, die hier sich äussert? Wird Hardenberg dem Könige gegenüber fest bleiben? Wird er jetzt endlich die günstige Gelegenheit ergreifen, um diesem die schlimmen Folgen einer rein zuwartenden Politik vorzustellen?

In einem Aufsatze, den er dem Könige am 30. Oktober vorlas, verurteilt Hardenberg den Schritt Napoleons aufs äusserste: Sicherheit und Unabhängigkeit, Ehre und gegebenes Wort seien aufs Spiel gesetzt. Selbst ohne Rücksicht auf Russland und die geschlossene Uebereinkunft forderten „die notwendig zu erhaltende Dignität und Unabhängigkeit" energische Massregeln. Jene Uebereinkunft bezeichnet er als ein Glück. Eine Verbindung mit Frankreich weist er weit ab, er erinnert an das Schicksal der französischen Verbündeten Spanien, Neapel, Holland, an Napoleons Eigennutz und Unzuverlässigkeit. Er bekämpft eine zu weit getriebene Nachgiebigkeit. Die Unterwerfung unter Napoleons Pläne würde Entzweiung mit Russland und sicheren Krieg für die Unabhängigkeit zur Folge haben. Das einzige Mittel, die Ruhe und Neutralität zu erhalten, sei in einem festen Auftreten zu finden. Er meint, Napoleon werde vielleicht nachgeben, wenn er den festen Willen Preussens sähe. Er will stufenweise verfahren, zunächst Befreiung Rumbolds, Genugthuung und Sicherheit für die Zukunft fordern. Gehe Napoleon darauf nicht ein, so

---

1. Bailleu II, 299.

müsse man die Räumung Deutschlands verlangen und es selbst auf einen Krieg ankommen lassen. Zugleich wünscht er militärische Vorkehrungen.[1] — Man sieht, es war Hardenberg Ernst, die Ehre und Unantastbarkeit des preussischen Namens mit aller Entschlossenheit zu verteidigen.

Wir haben hier einen Gegensatz zum Könige festzustellen. Der König verabscheute den Krieg unter allen Umständen.[2] Es ist bezeichnend für ihn, dass er den Erklärungen vom Mai 1804 dadurch etwas von ihrer verbindlichen Kraft nehmen wollte, dass er jetzt von den preussischen Staatsmännern verlangte, sie sollten die Annahme der bei solchen Gelegenheiten üblichen Geschenke verweigern. Lombards Vorstellungen, dass dies im Augenblick nicht angehe, ohne Russlands Misstrauen zu erregen, machten keinen Eindruck. Erst als Hardenberg ausführte, dass die Verbindlichkeiten durch einen solchen Schritt nicht vermindert würden und dass die Geschenke schon verteilt seien, gab der König nach, nicht ohne seinen Unwillen, von Hardenberg durchschaut zu sein, in ungnädigen Ausdrücken zu erkennen zu geben.[3] Der König also scheute vor einem Kriege zurück und begnügte sich nur, die Freilassung Rumbolds zu fordern, ohne dieser Forderung durch Rüstungen Nachdruck zu verleihen. Das Unerwartete geschah, Napoleon gab Rumbold frei, allerdings unter drückenden Bedingungen.[4]

---

1. Die vollständige Denkschrift, von der Hardenberg nur einen unvollständigen Auszug giebt (Denkw. II, 89—94) ist mitgeteilt von A. Wohlwill in Zeitschr. für Hamburg. Gesch. Bd. 8 (N. F. Bd. 5), S. 200—206.

2. Schreiben an Haugwitz. Denkw. II, 95 f. „il me répugne d'allumer le feu de la guerre sur le continent."

3. Denkw. II, 96 ff.

4. Seine Papiere behielten die Franzosen. Napoleon sprach die Erwartung aus, dass Preussen weder ihn noch überhaupt einen englischen Agenten in Hamburg dulden werde. Corr. de Nap. 11, 47.

Hardenbergs Haltung in der Rumboldschen Angelegenheit verdient Anerkennung, aber die Erwartungen, die man von ihm hegen konnte, erfüllte er doch nur halb, an dem bisherigen System rüttelte er nicht.

Der Alternative: Unterwerfung unter Frankreich, Entzweiung mit Russland, stellt er nicht die andere gegenüber: Anschluss an Russland und Oesterreich, Bund gegen Frankreich, sondern: ein Verfahren und eine Sprache, wodurch vielleicht Krieg hervorgebracht, möglicherweise aber auch noch die Ruhe und das Neutralitäts-System allein mit Sicherheit und Würde erhalten werden könne. Die vertragsmässige Hülfe Russlands für den Fall eines Krieges weiss er sehr zu schätzen, er sucht jede Entzweiung, jedes Misstrauen zu vermeiden, aber er geht doch nicht so weit, den casus foederis als eingetreten zu betrachten, wie Russland forderte. Also die Neutralität an sich bekämpft Hardenberg nicht. Er nennt sie sogar das „schönste, wohlthätigste, dem Herzen Sr. Königl. Majestät angemessenste System."

Man kann einwenden, Hardenberg sei es zunächst nur darauf angekommen, den König zu einer energischen Haltung zu veranlassen, er habe die Sache so dargestellt, als sei dies der einzige Weg, die Ruhe und Neutralität noch zu erhalten. Wenn es zum Kriege gekommen, so würde sich ein Bund gegen Frankreich von selbst ergeben haben. Das lässt sich hören, und was wir aus den Berichten Metternichs erfahren, scheint allerdings für diese Ansicht zu sprechen.

Russland und Oesterreich benutzten die Rumboldsche Angelegenheit, um mit Preussen anzuknüpfen. Der österreichische Gesandte in Berlin erhielt den Auftrag, Preussens Absichten zu erforschen, und zu erklären, dass Oesterreich geeignet sei, sich mit ihm über die weitere Verfolgung der Rumboldschen Sache zu verständigen.[1] Gleichzeitig drang

---
1. Oncken II, 540 ff.

der russische Gesandte Alopeus darauf, dass sich Preussen und Oesterreich zu einem allgemeinen Kampfe gegen Frankreich in Gemeinschaft mit Russland verbinden müssten.

Am 4. Dez. berichtet Metternich,[1] Hardenberg habe zugestimmt, dass eine Vereinigung der Fürsten das bedrohte Gleichgewicht hüten müsse. Er habe versprochen, sich dafür zu verwenden, vorausgesetzt, dass es weder auf ein Offensivbündnis mit England noch auf Vergrösserung irgend einer Macht abgesehen sei, denn der König sei schwer zu etwas zu bewegen, was einer Koalition ähnlich sei. Er wünsche aber das Geheimnis zu bewahren und nur noch Alopeus hineinzuziehen.

Hardenberg wartete lange mit einer weiteren Eröffnung. Er entschuldigte sich damit, dass er den König noch nicht genügend habe sprechen können, und versicherte, der König stimme mit den österreichischen Ansichten überein. Nur die Art der Ausführung erfordere noch reifliche Ueberlegung. Er erwarte noch Nachricht aus Paris (wo eine Unterhandlung über Räumung Hannovers und Vermittlung zwischen Frankreich und Russland im Gange war). Napoleon werde die Räumung wohl ablehnen; das werde er sich dem Könige gegenüber zu nutze machen.

Leider lassen die Quellen nicht erkennen, wie Hardenberg sein Versprechen einlöste. War es ihm Ernst mit seinen Erklärungen und scheiterte er nur an dem unbesiegbaren Widerwillen des Königs? Hardenberg erklärte dem russischen Gesandten, er persönlich verabscheue Napoleon, aber der König entschliesse sich zu nichts. „Was wollen Sie also, soll ich machen? man muss den König nehmen, wie er ist, ich kann ihn nicht umschmelzen (refondre)."[2] Es ist schwer, hier eine Entscheidung zu treffen. Solche Aeusserungen gegen Gesandte fremder Mächte tragen wenig

---
1. Oncken II, 548.
2. Martens (Russie) VI, 359. 16. Dez. 1804.

aus für die Charakteristik ihres Urhebers. So lange ein Krieg in Aussicht stand, war es natürlich, dass Hardenberg Anlehnung suchte. Vielleicht wollte er nachher sich nicht so brüsk zurückziehen, nachdem er anfangs fast zu weit gegangen, zumal da so wie so schon eine Spannung zwischen Preussen und Russland bestand: Preussen wollte Schweden jegliche Rüstung in Norddeutschland verbieten, Russland nahm es in Schutz. Das Widerstreben des Königs diente dann nur als Vorwand, um den Rückzug zu maskieren. Der schnelle Erfolg in der Rumboldschen Angelegenheit wirkte jedenfalls abkühlend auf Hardenbergs Kriegseifer. Dieser Erfolg erscheint geradezu verhängnisvoll, denn er wiegte die preussischen Staatsmänner in jene falsche Sicherheit, die sie die Momente der späteren Krisis gar nicht als solche erkennen liess.

Die Thatsache, dass Preussen gleich nach der Freilassung Rumbolds mit Frankreich wieder über die Räumung Hannovers unterhandelte, zeigt, wie fern es noch einer Koalition gegen Frankreich stand, aber für Hardenbergs wahre Ansicht ist damit nichts ausgemacht. Einige Aufklärung gewährt ein Brief an Lucchesini,[1] doch genügt sie nicht. Hardenberg erwartet da nicht viel von der Vermittlung zwischen Frankreich und Russland, immerhin würde der Bruch dadurch aufgehalten. Im Falle eines Krieges komme Preussen stets in die Lage, in ihn verwickelt zu werden, so lange die Franzosen in Hannover ständen. Wenn Napoleon den preussischen Vorschlägen zustimme, so scheine der Frieden im Norden auf jeden Fall gesichert.

Bemerkenswert ist vor allem dieser letzte Satz. Wenn es keine Franzosen mehr in Deutschland giebt, dann ist auch die Kriegsgefahr in diesen Gegenden beseitigt. Das betont Hardenberg. Weiteres lässt sich aus dieser Stelle mit Bestimmtheit nicht folgern, aber man möchte glauben, dass ein überzeugter Anhänger der Koalition sich anders äussern würde.

---

1. 21. Nov. 1804. Bailleu II, 818.

Es giebt noch einen Ausweg. Man kann annehmen, Hardenberg habe es von dem Erfolge der Verhandlung mit Frankreich abhängig machen wollen, ob er für eine nähere Verbindung mit den Kaiserhöfen eintreten sollte oder nicht, und habe sich einstweilen den Weg dazu offen gehalten.

Jedenfalls ist aber nicht klar, ob Hardenberg eine Verständigung mit Russland und Oesterreich von vornherein nur als letztes Auskunftsmittel, im Falle dass der Krieg unvermeidlich sei, betrachtet habe, oder ob sie ihm vielmehr als das eigentlich zu erstrebende Ziel erschien, von dem ihn nur der Gang der Ereignisse und der Wille des Königs abdrängten.

Die Antwort Frankreichs war nur halb befriedigend. Die Räumung ward nicht bewilligt, aber dies damit begründet, dass eine solche Veränderung nur den Frieden mit England hinausschiebe, der sonst nicht fern scheine. Zudem versprach Napoleon auf alle Weise dafür zu sorgen, dass für Preussen keine Unannehmlichkeiten aus der Anwesenheit der französischen Truppen in Hannover erwüchsen, und Lucchesini fügte dem als seine Ueberzeugung hinzu, dass Napoleon mit den Ansichten des Königs über Hannover übereinstimme. (Gemeint ist der Tausch gegen westfälische Provinzen.)[1]

Wie Hardenberg auch immer im November und Anfang Dezember gedacht haben möge, die weiteren Schritte zeigen, dass er nicht mehr dem Plane anhing, gemeinsam mit Russland und Oesterreich gegen Napoleons Ehrgeiz einen Damm zu bilden. Die Eröffnungen, die er Metternich machte,[2] waren nicht darnach angethan, zu einem schnellen Abschlusse zu führen. Sie tragen ganz das Gepräge, als wolle er sich möglichst glimpflich aus der Sache herausziehen. Sie enthalten nur Aeusserungen des allgemeinen Zutrauens, ohne einen einzigen weiterführenden Vorschlag. Aber es wurde

---

1. 10. Dez. 1804. Bailleu II, 826 ff.
2. Oncken II, 554 ff.

doch eine künftige Verständigung in Aussicht gestellt und dadurch vermieden, die Beziehungen vorzeitig abzubrechen. Metternich war denn auch von der Reinheit der Absichten Hardenbergs überzeugt, er glaubte, dass Preussen ein Abkommen schliessen werde.

Immer noch hatte Hardenberg die Hoffnung nicht aufgegeben, den Bruch zwischen Russland und Frankreich zu verhindern, — das alte Ziel der preussischen Politik. Er betont die Notwendigkeit der Freundschaft mit beiden Mächten, besonders mit Frankreich; sie sei die wünschenswerteste und nützlichste. Die Räumung Hannovers behält er immer im Auge, und vor allem denkt er an die künftige Erwerbung dieses Landes. Er begründet das mit der geographischen Lage Preussens. „Mehr Konzentration, eine andere Grenze, die jede Kollision mit Frankreich entfernt, das wir zu unserem Freunde machen wollen, eine Grenze, die unsere Interessen enger verknüpft, Vergrösserungen entsprechend denen unserer Nachbarn — darnach müssen wir streben, wenn wir nicht rasch zurückgehen wollen." Er wirft der preussischen Politik der letzten Jahre vor, dass sie dieses Prinzip nicht genügend im Auge gehabt habe.[1]

Dieses Streben nach Vergrösserung und Abrundung ist charakteristisch für Hardenberg. Wie konnte er aber hoffen, seine Pläne verwirklicht zu sehen, wenn er eine Frankreich feindselige Haltung einnahm? Andererseits hatte Napoleon wiederholt den Wunsch kund gegeben, Preussens Grenze vom Rhein zu entfernen.[2] Thatsächlich war Preussen in einer üblen geographischen Lage, die Erwerbung Hannovers wäre eine wesentliche Verbesserung gewesen. Ein blosser Austausch hatte den Schein von Mässigung und war ganz im Geiste der Epoche.

Die nächste Zeit brachte keine Veränderung.

---

1. An Lucchesini. 25. Dez. Bailleu II, 328 f.
2. Bailleu II, 327.

Einen neuen Anstoss erhielten die Unterhandlungen über den Beitritt Preussens zur Koalition durch die Sendung Wintzingerodes, des General-Adjutanten des Kaisers Alexander, nach Berlin. (Februar 1805.)

Aus einer Weisung an Alopeus[1] ersieht man die Absicht des Petersburger Kabinets. Das Bündnis sollte defensiv sein. Die Garantie Norddeutschlands ward auf ganz Deutschland ausgedehnt. Der casus foederis sollte ausser bei den im Vertrage zwischen Russland und Oesterreich (Nov. 1804) aufgezählten Fällen, d. h. bei französischen Uebergriffen in Norddeutschland und Neapel und bei einem Angriffe auf die Pforte auch noch eintreten, wenn die französische Armee die Schweiz besetze, wenn der Chef der französischen Regierung die batavische Republik oder die von seinen Truppen in Italien und Deutschland besetzten Staaten erblich mit seinem Hause verbände, oder wenn er die unzweifelhafte Absicht zu erkennen gäbe, sich zum Kaiser von Deutschland krönen zu lassen.

Auf dieser Grundlage verhandelten Wintzingerode und Alopeus seit Mitte Februar mit Hardenberg. Metternich hielt sich verabredetermassen anfangs zurück, denn Russland hatte die Sorge allein übernommen, Preussen zu gewinnen.[2] Den gegenwärtigen Zustand der französischen Monarchie wolle man nicht anfechten, erklärten die russischen Unterhändler, aber jedem weiteren Uebergriffe Schranken setzen. Die Garantie Italiens, selbst der Schweiz, könne auf Preussens Wunsch fortfallen, — Oesterreich hatte auf Italien besonderen Wert gelegt.[3] An den übrigen Bedingungen hielten die Unterhändler fest. Russland versprach selbst sogleich 100000 M. zu stellen. Preussen und Oesterreich sollten mit gesamter Macht wirken.[4] Zugleich teilte

---

1. Martens (Russie) VI, 356.
2. Metternich an Colloredo, 18. Februar. Oncken II, 570 und Martens (Russie) II, 477.
3. Beer S. 170.
4. Denkw. II, 132 f.

Metternich die geheimen Artikel der Konvention vom 26. Dezember 1802 mit, wodurch Oesterreich die Veränderungen in Italien seit dem Lunéviller Frieden anerkannte, aber über den Novembervertrag selbst ward noch immer das Geheimnis bewahrt. Man misstraute Preussen, man hielt nicht für ausgeschlossen, dass ein geheimes Verständnis zwischen dem Könige und Napoleon bestehe und dass der König sich neue Erwerbungen vorbehalten habe. In diesem Falle sollte Preussen in keiner Weise auf die Nachsicht Russlands zu zählen haben.[1] Wiederholt wird den Gesandten Oesterreichs und Russlands eingeschärft, sie sollen die eigentlichen Absichten des preussischen Kabinets zu durchdringen suchen.

An Preussen wäre es nun jedenfalls gewesen, wenn es zu einem bestimmten Einverständnisse kommen sollte, das Eis zu brechen und seinerseits einen Schritt vorwärts zu thun.

Es liegen Gutachten von Haugwitz und Hardenberg aus dieser Zeit vor. Haugwitz, von Hardenberg auf Befehl des Königs aufgefordert seine Meinung zu sagen, sprach sich dahin aus, dass man die Anträge weder geradezu verwerfen noch annehmen dürfe, weil beides gefährlich sei und man den Faden verliere, welcher den Staat seit den Begebenheiten der französischen Revolution so glücklich durch das Labyrinth geführt habe (d. h. die Neutralität). Die Ablehnung sollte demnach möglichst versüsst werden, um die beiden Höfe nicht zu verletzen. Die Möglichkeit einer künftigen Vereinigung und fortgesetzte Verständigung über die Angelegenheiten Europas seien in Aussicht zu stellen.[2]

Was war nun die Ansicht Hardenbergs? Metternich meinte damals,[3] Hardenberg wäre persönlich zu sehr mit der

---

1. Martens (Russie) VI, 357. Instruktion für Wintzingerode.
2. Denkw. II, 188 ff. — Duncker S. 199 und Bailleu, Dtsche Rundschau V, 287 beachten, zu wenig, dass dieser Vorschlag ein Teil der Antwort an Russland und Oesterreich ist. Seine eigentliche Ansicht spricht H. vorher deutlich aus.
3. Oncken II, 570.

„gemeinsamen Angelegenheit", d. h. der Sache der Koalition verflochten, um mit Ehren zurückgehen zu können. Er habe ihn oft über die Gefahr Europas reden hören wie nur die Energie der vereinigten Mächte Frankreich einen Damm entgegensetzen könne; aber die Erfahrung müsse lehren, ob Hardenberg als Minister Charakter genug habe, um bis zum äussersten gegen die persönliche Neigung des Königs zu kämpfen, oder ob er seine Grundsätze opfern werde, um seine Stelle gegen die Haugwitz und Lombard zu behaupten.

Wir sind hier in der Lage zu beurteilen, ob Hardenberg die persönliche Neigung des Königs bekämpfte oder nicht, und gewinnen dadurch auch einen weiteren Anhaltspunkt für die Beurteilung seiner Haltung in den letzten Monaten des vorhergehenden Jahres. Am 12. März reichte er eine ausführliche Denkschrift über die politische Lage ein.[1] Er beginnt mit einer Schilderung des ganz Europa bedrohenden Ehrgeizes Napoleons; von keiner der anderen Mächte sei Aehnliches zu befürchten. Daraus folgert er nun nicht etwa, dass man einen allgemeinen Bund gegen Frankreich bilden müsse. Sein Gedankengang ist vielmehr: Preussen ist zu schwach, es wird von seinen Nachbarn fast erdrückt. Frankreich wie Russland sind beide gefährlich für Preussen, darum ist Freundschaft mit beiden nötig, mit Frankreich ist sie vielleicht nützlicher, „wenn es auf Vergrösserungen ankommt, die Preussen nicht ausser Acht lassen darf, wenn es nicht Rückschritte machen will." Aber bei aller Schonung der Verhältnisse zu beiden Nachbarreichen soll doch eine kraftvolle Selbständigkeit gewahrt werden, und noch einmal wird es als Ziel der preussischen Politik hingestellt, dass die Gelegenheiten, wo Erwerbungen gemacht oder dem Staate besser abgerundete und gesicherte Grenzen gegeben werden könnten, geschickt zu benutzen seien. Es

---
1. Denkw. II, 143—149. Auszug. Ergänzungen, mitgeteilt von M. Lehmann, H. Zt. 39, 89 ff. und Duncker S. 195.

sind dieselben Grundsätze, zu denen er sich, wie oben gezeigt,[1] Lucchesini gegenüber bekannte: Neutralität, Freundschaft mit Russland und Frankreich und Erwerbungen.

Hardenberg geht dann zu der Frage über, wie sich Preussen gegenüber französischen Uebergriffen zu verhalten habe. Er macht bemerkenswerter Weise einen Unterschied zwischen Norddeutschland und dem übrigen Europa. Geschähen die Uebergriffe in Norddeutschland, so müsse Preussen „zutreten." Natürlich, denn es war so gut wie ein direkter Angriff auf Preussen. Für den Fall, dass die Uebergriffe anderswo geschähen, so dass daraus ein Krieg entstände, stellt Hardenberg drei Möglichkeiten auf.

1. Preussen bleibt neutral. Das würde den Friedensabsichten des Königs entsprechen, und in der Diplomatie würden sich Mittel finden lassen, sie durchzuführen, ohne mit Frankreich zu brechen. Aber doch erklärt Hardenberg die Neutralität für schlimmer als den Krieg. Denn isoliert, bei der unglücklichen Gestalt der Grenzen, könne man sie gar nicht durchführen. Man würde mobil machen müssen, was viel Geld koste und die Sache noch immer unsicher lasse. Sich auf die Seite des Siegers schlagen sei unrühmlich und führe doch zur Abhängigkeit von diesem. Ohne Bewaffnung aber werde man geradezu fremdem Willen unterjocht sein. In jedem Falle sei ein Krieg nötig, um die Selbständigkeit und Ehre Preussens zu retten.

Die absolute Neutralität unter den gegenwärtigen Verhältnissen der Monarchie war somit verworfen. Was sollte an die Stelle treten? Um die Neutralität in Verbindung mit andern Staaten aufrecht zu erhalten, meint Hardenberg, sei Oesterreich am geeignetsten; die Neutralität von ganz Norddeutschland wie früher, die allem genügt hätte, sei nicht mehr erreichbar. Daher erörtert er vor allem die beiden andern Möglichkeiten.

---

1. S. 20.

2. Ein Bündnis mit Frankreich könne nur einen ehrsüchtigen, auf Ruhm und Vergrösserung ausgehenden König reizen. Wenn er sich dem Beherrschungssysteme Napoleons anschliesse, könne er vielleicht die preussische Macht glücklich vermehren, aber für ein blosses Verteidigungssystem passe das Bündnis nicht. Man würde sich dabei den schwersten Kriegslasten aussetzen, die auch durch die glücklichsten Erfolge nicht aufgewogen würden. Hardenberg konnte sicher sein, dass der König diese Partie nicht wählte. Doch verfehlt er nicht darauf hinzuweisen, dass der Preis eines solchen Bündnisses, wenn man sich einmal dazu entschliesse, wenigstens recht bedeutend sein müsse, — ganz Norddeutschland, Holland, ein Rang unter den Seemächten u. s. w. Dieser Zusatz ist eigentlich recht bezeichnend für Hardenbergs Art. Wenn das Bündnis mit Napoleon unzuträglich war, welchen Zweck hatte es, sich um die möglichen Ergebnisse zu kümmern? Hardenberg kann es aber doch nicht unterlassen sich auszumalen, welche glänzenden Erwerbungen Preussen allenfalls machen könne. Dieser Gedanke beschäftigte ihn offenbar lebhaft.

3. Ein Bündnis mit Russland und Oesterreich gegen Frankreich würde weniger nachteilig sein, und hätte es nur Beschränkung der ungerechten Ausdehnung Frankreichs zum Ziele, so werde man auch andere Erfolge als in den bisherigen Kriegen haben; so furchtbar sei Napoleons Macht an sich gar nicht. Er wisse, dass der König nur im Notfalle diese Alternative wählen würde, aber dann auch nur diese. Hardenberg betont ausdrücklich die Uebereinstimmung mit der bisherigen Politik. Die russischen Anträge seien nur dann geradezu auszuschlagen, wenn der König sich zu einer der beiden ersten Möglichkeiten entschliesse, doch seien sie auch nicht sogleich anzunehmen, man müsse den Höfen die Hoffnung zu der angetragenen Verbindung, sowie dem Könige die Möglichkeit sie einzugehen erhalten. Vor allem sei nötig, dass der König

sich im voraus fest entschliesse, ob er gegebenen Falls die Vereinigung auch wirklich vollziehen wolle. Wenn der König dazu bereit sei, so schlage er vor: Den Kaiserhöfen ein allgemeines Einverständnis kund zu geben und eine defensive Vereinigung in Aussicht zu stellen, deren Gegenstände je nach den ¡weiteren Umständen und in durchaus uneigennützigem und nur auf Sicherung der Ruhe und Unabhängigkeit ausgehendem Geiste zu bestimmen seien. Gegenseitige offene Mitteilungen müssten vorangehen. Russland sei die Befolgung der Uebereinkunft von 1804 zuzusichern und hervorzuheben, dass man von ihm erwarte, es werde die Ruhe Norddeutschlands erhalten, so lange Frankreich sie nicht störe. Oesterreich sollte aufmerksam gemacht werden, dass es mit Preussen ein gemeinsames Interesse habe, ein solides Neutralitätssystem aufzustellen. Schliesslich giebt Hardenberg noch die Gegenstände eines abzuschliessenden Vertrages an, worauf wir gleich noch einzugehen haben, und weisst die Besorgnisse zurück, als ob Napoleon sich dem durch einen schnellen Angriff widersetzen werde.

Es ist wohl zu beachten, dass Hardenberg die drei Alternativen nur für den Fall hinstellt, dass Frankreich neue Uebergriffe mache, so dass ein Krieg die Folge wäre. Es werden unter dieser Voraussetzung die Nachteile einer isolierten Neutralität aufgewiesen, ein Bund mit Frankreich scheint [zu gefährlich und nicht vorteilhaft genug, somit bleibt nur das Bündnis mit den Ostmächten, — freilich nur im Notfalle, d. h. wenn die Neutralität durchaus nicht mehr aufrecht zu erhalten ist. Wollten nun aber Russland und Oesterreich eine Vereinigung der kontinentalen Mächte zustande bringen, um jeder neuen französischen Anmassung sofort geschlossen entgegenzutreten, so war Hardenberg doch weit entfernt darauf einzugehen. So lange kein Krieg ausbrach, lag nach ihm kein Grund vor, dass Preussen aus seiner unparteiischen Stellung heraustrete und die kostbare Freundschaft Frankreichs damit aufs Spiel setze. Demnach hätte man höfliche Ablehnung der Anträge mit Vertröstung etwa auf gelegenere Zeit erwarten sollen, aber es lag in den Verhältnissen begründet, dass dies nicht so einfach ging. Die Ostmächte würden Preussen als den Bundesgenossen Frankreichs betrachtet haben, — wir bemerkten, wie argwöhnisch sie waren, — man hätte die ebenfalls so kostbare Freundschaft Russlands verscherzt und wäre bei einem Kriege zu einer der beiden ersten ungünstigen Alternativen gezwungen worden. So argumentierte Hardenberg, und wir sahen[1], wie sehr die Verhältnisse dem entsprachen. Da nun bei der wachsenden Spannung zwischen Frankreich und Russland[2] ein Krieg leicht ausbrechen konnte, so musste Preussen sich den Weg eines Bündnisses mit Russland und Oesterreich jedenfalls offen halten, ohne sich doch die Hände mehr, als man wünschte, zu binden. Daher die angegebenen Vorschläge, die den verbündeten Mächten zwar ein künftiges Uebereinkommen versprachen, aber doch alles von der weiteren Entwicklung der Umstände abhängig machten.

Was nun den Inhalt eines eventuellen Vertrages angeht, so weichen auch hier die Ansichten Hardenbergs beträchtlich von den Forderungen der Verbündeten ab. Wünschten diese einen Defensivbund gegen Frankreich, so wollte Hardenberg ihn auf blosse Verteidigung und Erhaltung gegen niemand namentlich, sondern gegen jedermann, der den Stand der Ruhe und Sicherheit störe, richten. Der Vertrag sollte deshalb öffentlich bekannt gegeben werden. Verlangten die russischen Unterhändler ausser der Garantie Deutschlands die

---

1. Vgl. oben S. 22.
2. Am 20. Febr. schreibt Hardenberg an Lucchesini (Bailleu II, 333): J'augure mal du succès de notre médiation pour le rapprochement de la Russie et de la France. Er findet Napoleons Verhalten nicht in Uebereinstimmung mit seiner angeblichen Friedensliebe. Er glaubt noch nicht an ein Einverständnis zwischen Wien und Petersburg über Italien, hält aber vorbereitende Schritte für möglich.

Hollands, der Pforte und der Sieben Jonischen Inseln, wenn möglich auch der Schweiz und Italiens, so wollte sich Hardenberg, was Preussen anging, bloss auf Deutschland beschränken; im übrigen sollte es ausser aller Verbindung mit einer wirklich im Kriege begriffenen Macht d. h. neutral bleiben. Was heisst das anders, als das System vom Mai 1804 in allgemeinerer Fassung auf ganz Deutschland ausdehnen, unter Hinzuziehung von Oesterreich, auf welche Macht es besonders ankam? Es war eine Neutralität von ganz Deutschland, die Hardenberg im Sinne hatte, in die er Oesterreich einzubeziehen dachte, und die von den beiden Ostmächten garantiert werden sollte. Nur insofern als dann von Frankreich allein noch eine Gefahr drohte, konnte das Abkommen als gegen dieses gerichtet angesehen werden.

Auf alle Fälle hatte man einen Rückhalt gegen Frankreich gewonnen und war doch nirgend über das nächste preussische Interesse hinausgegangen. Ueberdies hatte man noch den Vorteil, durch jene unbestimmte Fassung die beiden Mächte an jedem offensiven Vorgehen ihrerseits in Deutschland zu hindern, da sie doch nicht ihre eigenen Garantien verletzen durften. Den Verbündeten blieb nur der Vorteil, dass Preussen, sobald Napoleon in Deutschland Uebergriffe machte, genötigt gewesen wäre, seine Waffen mit den ihren zu vereinigen. Ein solcher Vertrag war dem Sinne ihrer Anträge ganz zuwider.

Vergleicht man die Denkschrift vom 12. März mit jenem Gutachten vom 30. Oktober 1804 (S. 14 f), so erkennt man, dass ein gut Teil von dem, was Hardenberg damals gegen eine Verbindung mit Frankreich sagte, auf Rechnung der augenblicklichen Erregung zu setzen ist. Jetzt bei ruhiger Erwägung, nachdem er wenigstens einen Scheinerfolg über Napoleon errungen, urteilt er ungleich optimistischer. Napoleons Ehrgeiz bedroht zwar immer noch die Welt, aber Hardenberg hält jetzt ein Bündnis mit Frankreich doch für möglich, die Freundschaft dieses Landes scheint ihm sogar nützlicher wie die Russlands. Vor allem fällt auf, dass er zuversichtlich betont, die Macht Napoleons sei an sich gar nicht so furchtbar. Freilich, wenn das wirklich der Fall war, dann hatte man gute Weile, dann kam es nur darauf an, sich den Rücken zu decken, im übrigen konnte Preussen die Dinge kommen lassen.

Diese Ansicht und die unglückliche Vergrösserungssucht scheinen Hardenberg von dem rechten Wege abgelenkt zu haben, auf den ihn sein Urteil über Napoleons bedrohlichen Ehrgeiz und über die Unhaltbarkeit einer isolierten Neutralität zu leiten im Begriffe war.

Was das Verhältnis zwischen den Gutachten von Hardenberg und Haugwitz angeht, so ist der Unterschied nicht gross. Wenn Haugwitz in der an Russland zu erteilenden Antwort scheinbar weiter gehen will, so gleicht sich das dadurch aus, dass Haugwitz diese Antwort überhaupt nur geben will, um die Ablehnung zu maskieren. Hardenberg betont dagegen schärfer die Gefahren einer Vereinzelung und fasst eine künftige Vereinigung bestimmter ins Auge. Praktisch kam dieser Unterschied weiter nicht in Betracht.

Vor allen Dingen war an dem bisherigen System nichts geändert, der König vielmehr noch darin bestärkt. Hardenberg hatte damit so wenig den Erwartungen Metternichs (oben S. 36) entsprochen, dass man ihn, vielmehr mit Metternich zu reden, charakterlos schelten müsste, weil er seine persönliche Ansicht seiner Stelle zu Liebe aufopferte.

Steht es wirklich so arg mit Hardenberg? Sollen wir nicht mit demselben Rechte annehmen, dass Metternich sich jetzt wie früher über Hardenberg täuschte? Dessen Freundschaftsversicherungen brauchen nicht einfach unehrlich gewesen zu sein, aber Metternich schloss vielleicht zu viel, wenn er Hardenberg ganz gewonnen zu haben glaubte; bei seinem Eifer für die „gute" Sache konnte er sich eine Mittelstellung nicht wohl denken. Jedenfalls kann Metternichs Urteil allein durchaus nicht massgebend sein[1]. Soviel jedoch lässt sich nach der letzten Erfahrung mit Grund annehmen, dass Hardenberg im November und Dezember des vorhergehenden Jahres schwerlich den ernsten Versuch gemacht hat, den König von seinem Neutralitätssysteme abzubringen.

In Wien gab man fortan die Hoffnung auf, Preussen zu gewinnen.[2] In Petersburg, wo die Antwort an Wintzingerode, die nach Hardenbergs Vorschlägen abgefasst war, noch besonders durch die Sendung des General-Majors Zastrow gerechtfertigt werden sollte, genügte diese bei weitem nicht mehr. Denn am 11. April war der Bund mit England geschlossen, der die Grundlage der dritten Koalition bildet.

Hardenberg äusserte sich in der folgenden Zeit gegen Lucchesini nicht ohne Besorgnis über Napoleon.[3] „Wird man (Napoleon) also immer vergessen, dass man Preussen den Frieden des Kontinents verdankt, dass folglich alle Gründe sich vereinigen, um ihm schonende Behandlung und Beweise der Erkenntlichkeit angedeihen zu lassen? Der König ist unerschütterlich in seinem Systeme." Er wünscht dringend, dass Lucchesini nach Franken zum Könige komme. „Wenn nicht bald Friede wird — und wie viel Hindernisse bleiben nicht zu übersteigen? — werden sich unsere Verlegenheiten vermehren und unser Betragen wird von Tage zu Tage schwieriger." — Man wird an die Denkschrift vom 12. März erinnert, wo die Gefahren der isolierten Neutralität in Kriegszeiten ausgemalt werden. Der Ausruf, dass der König

---

1. Am 5. März berichtet Wintzingerode (Martens (Russie) VI, 359), Hardenberg habe ihm versprochen, dem Könige die Unmöglichkeit zu zeigen, de garder toujours la neutralité et il espérait pouvoir convaincre le roi de la nécessité de prendre les armes contre Napoléon. Dass dies nur im Notfalle geschehen sollte, scheint Hardenberg nicht gesagt zu haben.

2. Beer, S. 124. Hardenberg ward mit Haugwitz auf eine Stufe gestellt.

3. 18. April. Bailleu II, 389.

unerschütterlich bei der Neutralität beharre, klingt etwas verzweifelnd, und Lucchesinis Reise soll jedenfalls den Zweck haben, den König auf die Schwierigkeit, sie unter allen Umständen zu bewahren, aufmerksam zu machen.

Hervorgerufen sind diese Besorgnisse durch einen ziemlich trübe gefärbten Bericht Lucchesinis[1], worin er sagt, wenn man in Paris nicht so gut wie Hardenberg selbst wüsste, welchen Einfluss die unentschiedenen Ratschläge der Köckritz u. a. auf die Entschliessungen des Kabinets hätten, so würde man nicht so oft versuchen, die Geduld des Königs in Bezug auf das entweder geheiligte oder nichtige Prinzip der Neutralität bis zum äussersten zu treiben. Darauf geht jener Ausruf. Das war allerdings das grösste Uebel, wenn die fremden Höfe darauf rechneten, dass Preussen doch unter allen Umständen neutral bleiben würde. Von diesem Gesichtspunkte aus war die Festigkeit des Königs gefährlich, und es war höchst wünschenswert, dass Lucchesini Hardenberg den lähmenden Einfluss der Umgebungen des Königs brechen helfe, zumal da Hardenberg, wie wir gesehen, durchaus nicht gesonnen war, unter allen Umständen in der Neutralität zu verharren.

Hardenberg deutet in dem erwähnten Schreiben nicht an, was seiner Meinung nach geschehen solle, doch spricht aus seiner vorwurfsvollen Klage über Napoleon wohl mehr das Gefühl verschmähter Freundschaft, als die bewusste Einsicht, dass Napoleon der allgemeine Feind sei; wenigstens sollte man meinen, dass Hardenberg Gesinnungen, wie sie Metternich bei ihm voraussetzte, anders ausgedrückt haben würde.

---

1. 19. März. Bailleu II, 334.

Zweites Kapitel.

Verhandlungen nach allen Seiten. August und September 1805.

Die Hoffnung, den Frieden doch noch erhalten zu sehen, knüpfte sich noch einmal an die Sendung Nowossiltzoffs. Er war der Freund Alexanders und russischer Justizminister. Er hatte den Vertrag mit England geschlossen und sollte jetzt das Ultimatum der beiden Mächte dem französischen Herrscher vorlegen. Es lautete auf Räumung Hannovers, Unabhängigkeit und Sicherheit aller nicht in das eigentliche Frankreich einbegriffenen Staaten und vor allem auf Wiederherstellung der sardinischen Monarchie auf dem Festlande von Italien. Diese Ordnung der Dinge sollte wirksam garantiert werden.[1]

Nowossiltzoff teilte in Berlin den Vertrag vom 11. April mit. Darin war für Preussen, wenn es der Koalition beiträte, eine bedeutende Vergrösserung auf dem linken Rheinufer vorgesehen. Aber diese Erwerbung konnte nicht locken, sie widersprach dem Grundsatze, den auch Hardenberg vertrat,[2] dass Preussen jede Berührung mit Frankreich vermeiden müsse, dass man die Abrundung vielmehr in Norddeutschland zu suchen habe. Desto eifriger ging man in Berlin auf die mögliche Friedensvermittelung ein. Man besorgte die Pässe für Nowossiltzoff, aber dieser kam gar nicht über Berlin hinaus; er wurde abgerufen und ging am 18. Juli nach St. Petersburg[3] zurück.

1. Denkw. II, 171. Hist. Zt. 39, 96.
2. Vgl. o. S. 20.
3. Bislang ist immer die Vereinigung Liguriens mit Frankreich als Grund angegeben. Aus den im Sbornik 82, S. 10, 75, 77,

Voll Bedauern teilte Hardenberg diese Thatsache Lucchesini mit: den Krieg zwischen Frankreich und Russland müsse man für möglich halten. Seine Hoffnung auf Erhaltung des Friedens baute er darauf, dass Oesterreich neutral bleiben werde.[1] In dieser Meinung konnte er durch Zastrow bestärkt sein, der berichtete, dass Alexander und Czartoryski zum Kriege entschlossen seien, dass aber Oesterreich zurückhalte und sich mit Preussens Weigerungen zu decken suche.[2] Freilich hatte Oesterreich immer gezögert, dem Aprilvertrage beizutreten. Eine mächtige Partei, an deren Spitze Erzherzog Karl stand, suchte mit aller Energie den Anschluss an Russlands offensive Absichten zu hintertreiben.[3] Aber gerade jetzt entschloss sich Kaiser Franz zu einer sogenannten bewaffneten Demonstration. Am 16. Juli ward der Operationsplan zwischen Wintzingerode und den österreichischen Bevollmächtigten verabredet.

Indem der Ausbruch des Krieges bevorstand, bemühten sich beide feindliche Parteien um die Hülfe Preussens.

Am 30. Juli erteilte Talleyrand dem französischen Gesandten in Berlin den Auftrag, Preussen Hannover gegen

---

79, mitgeteilten Depeschen Czartoryskis an Nowossiltzoff ergiebt sich, dass dies nur ein allerdings einleuchtender Vorwand war. Der eigentliche Grund war, dass England sein Versprechen, Malta im Frieden zu räumen, zurückzog und durchaus keine Veränderung in seinem Seekodex zulassen wollte. Die Verschiedenheit der Ansichten, schreibt Czartoryski, werde keinen günstigen Einfluss auf den Fortgang der Unterhandlung hervorbringen, und der Eindruck auf das Publikum in Russland und England würde dann nicht günstig sein. Russland fürchtete also, sich zu kompromittieren, was es um so weniger zu leiden brauchte, als es nur auf Englands Wunsch die Vermittlung übernommen hatte.

1. Duncker 201.
2. Duncker 200.
3. Vgl. Angeli, Erzh. Karl 3, 203. Gutachten Erzh. Karls.

Garantie des status praesens in Italien anzubieten.¹ Da Hardenberg auf seinem Gute in Tempelberg weilte, begab sich Laforest sogleich dorthin. Er berichtet: Hardenberg habe die Absicht gehabt, ihn seinerseits auf eine Eröffnung vorzubereiten, zu der der König seine Ermächtigung erteilt, dass nämlich Preussen Hannover in Verwahrung zu nehmen wünsche; Hardenberg habe aber die Wichtigkeit der Erwerbung Hannovers zu eigenem Besitz zugegeben. Preussen scheine Tauschpläne im Sinne gehabt zu haben, — es ist schon gesagt, dass der König Westfalen für Hannover aufgeben wollte.² Laforest glaubte schliesslich, Hardenberg ganz für sich gewonnen zu haben; nun komme es noch auf den König an. Der Minister bezeichnete ihm selbst die Schwierigkeiten, die in dieser Hinsicht noch zu überwinden wären.³
Hardenberg war nicht unvorbereitet. Am 29. Juli hatte Lucchesini über die französischen Anträge berichtet.⁴ Er hatte dabei die Meinung geäussert, ob es nicht möglich sei, dass man die Unabhängigkeit Hollands, der Schweiz, Etruriens und des römischen Staates, sowie Garantie der österreichischen Besitzungen in Italien in dem Vertrage stipuliere, wodurch vielleicht der Friede des Kontinents zu erhalten sei. Musste es nun nicht Eindruck auf Hardenberg machen, wenn Lucchesini, der so viel von Napoleons Unzuverlässigkeit und Ehrgeiz zu sagen wusste, der schon gleich nach dem Eintritt Hardenbergs in sein neues Ministerium behauptet hatte, dass Napoleon einen Krieg auf dem Festlande wünsche,⁵ der noch zuletzt vor der Teilnahme an der Sendung Nowossiltzoffs gewarnt hatte,⁶ — wenn dieser jetzt

---

1. Bailleu II, 354, ergänzt durch die Denkschrift Laforests vom 8. August.
2. Oben S. 13.
3. Bailleu II, 357 ff.
4. Bailleu II, 351 ff. In ähnlichem Sinne am 6. Aug. S. 356.
5. 17. Mai 1804. Bailleu II, 263.
6. 20. Juni 1805. Bailleu II, 349.

von Erhaltung des Friedens sprach? Hardenberg eignete sich diesen Gedanken an, er machte Laforest gegenüber davon Andeutungen und fügte noch hinzu, wenn man dem Könige von Sardinien in der Seitenlinie eine Ausstattung verschaffen könne, so würde nichts geeigneter sein, um Russland zu gewinnen.

Bei einer neuen Konferenz in Berlin am 12. August überreichte Laforest eine Denkschrift[1], in der alle Gründe

---

[1]. Denkw. V, 145—160. Hardenberg giebt in seinen Memoiren (II, 178) an, dass Laforest diese Denkschrift am 8. August überreicht habe. Am 10. August berichtet aber Laforest (Bailleu II, 359), dass er ein Résumé für Hardenberg abfassen wolle, in dem er zugleich alle Einwendungen Hardenbergs widerlegen wolle. Am 12. erst hat er dies Schriftstück übergeben (Bailleu II, 360). Laforest wird es auf den 8. zurückdatiert haben, um die Sache so erscheinen zu lassen, als seien alle Gründe schon vor der ersten Unterredung mit Hardenberg von französischer Seite selbst gefunden; vielleicht hat er Talleyrand die Arbeit zugeschrieben. Laforest hat den Erlass Talleyrands vom 30. Juli allerdings oft wörtlich benutzt, aber ausserdem widerlegt er die Bedenken, die Hardenberg als solche, die der König hegen würde, hervorgehoben hat. (Aus dem Bericht vom 10. Aug. Bailleu, 358.) So wird die Angabe Lefèbvres (II, 99) verständlich, dass Laforest die Denkschrift nach Hardenbergs Rat entworfen habe. Das ist nun zu weit gegangen. Laforest hat, wie sich aus seinen Berichten und ihrer Vergleichung mit der Denkschrift ergiebt, sich zu nutze gemacht, was er von Hardenberg gehört, — davon, dass dieser bei der Abfassung irgendwie beteiligt sei, enthalten die Berichte kein Wort. Das ist auch darum unmöglich, weil die Schrift vor allem auch dazu dienen sollte, Hardenberg erst selbst ganz zu gewinnen. Immerhin ist darnach die Angabe Rankes V, 145 zu berichtigen und die Bailleus II, 355 zu ergänzen. Wenn Duncker (Abhandlg. 202) mitteilt, dass Hardenberg hingeworfen habe, Napoleon könne Hannover Preussen als Dépôt anvertrauen oder auch als Besitz überlassen, und dass H. dies mit den Vergrösserungen Russlands und Oesterreichs

zusammengefasst waren, die Preussen bestimmen konnten, auf das französische Unternehmen einzugehen. Darin verwertete Laforest sowohl die Weisungen, die ihm von Talleyrand zugekommen waren, als die Einwendungen, die Hardenberg vom Standpunkte des Königs gemacht hatte, und widerlegte die letzteren.

Am 14. August teilte Hardenberg die Zustimmung des Königs zu den französischen Vorschlägen sowie eine vertrauliche Note mit, in der die Bereitwilligkeit, auf weitere Unterhandlungen einzugehen, ausgesprochen, und zugleich die Notwendigkeit jener oben erwähnten Garantien hervorgehoben wurde.[1] Diesen letzten Punkt betonte Hardenberg in den mündlichen Auseinandersetzungen noch besonders. Hardenberg fügte hinzu: wenn trotz der Friedensabsicht der Krieg nicht vermieden werden könne, so sei jene Garantie nicht mehr verbindlich[2], d. h. man hätte dann freie Hand zu etwaigen Eroberungen gehabt. So die Berichte Laforests. Unzweifelhaft hatte dieser recht, wenn er Hardenberg gewonnen glaubte, wir werden das in der Folge noch mehr sehen. Die französischen Vorschläge enthielten in der That sehr viel Verlockendes. Durch die Erwerbung Hannovers wurde Preussen nicht nur der unmittelbaren Kriegsgefahr in Norddeutschland ledig, es war auch für alle Zukunft gegen die Rückkehr dieser Zustände gesichert und sein Gebiet in äusserst vorteilhafter Weise vergrössert. Gelang es nun, alles dieses friedlich durch-

---

begründet habe, so wage ich das nicht zu verwerten, weil mir nicht klar ist, ob Duncker es wie das Vorhergehende aus dem Briefe Laforests an Hardenberg vom 7. August genommen hat. Möglich, ja wahrscheinlich ist die Sache allerdings. Die Behauptung Dunckers (S. 203), dass Hardenberg den Weg, wie man den König gewinnen könne, sorgfältig angebahnt habe, ist übertrieben.

1. Denkw. II, 193 ff.
2. Bailleu II, 362.

zusetzen und womöglich durch dies Abkommen den Frieden des Kontinentes zu erhalten, so war das ganze politische Programm Preussens erfüllt.

Der König hatte seine Zustimmung gegeben, aber es zeigte sich hier doch eine persönliche Differenz zwischen ihm und seinem Ratgeber.

In einem Erlass an |Lucchesini[1] war als Hauptgrund, weshalb der König auf die französischen Vorschläge eingehe, der Wunsch angegeben, „dadurch den allgemeinen Frieden erhalten zu sehen". Diese friedliche Absicht sollte recht deutlich in dem Vertrage ausgesprochen werden. Die Garantie Hollands und der Schweiz sollte jetzt sogar über einen Krieg hinaus sicher gestellt werden. Der Abschluss sei möglichst zu beschleunigen, um Russland zurückzuhalten und Oesterreich zu beruhigen. Lucchesini sollte dahin wirken, dass das Land sofort nach der Ratifikation von den Preussen besetzt werden könne.

Mit Ausnahme des Einganges ist alles aus einer Denkschrift des Kabinetsrates Beyme[2] vom 16. August entnommen, der für Lombard, solange dieser beurlaubt war, die Korrespondenz in auswärtigen Angelegenheiten besorgte. Hardenberg hat diese Denkschrift wohl mit Recht als den Ausdruck der Gesinnung des Königs angesehen. Wahrscheinlich ist sie auf Befehl des Königs abgefasst, eben um Hardenberg als Richtschnur für sein Handeln zu dienen. Auch wenn Beyme zunächst nur seine eigenen Ansichten ausgesprochen hat, so schliesst doch die Uebersendung an Hardenberg die Thatsache ein, dass der König das Schriftstück billigte und wünschte, dass Hardenberg sich danach richte.

Gleichzeitig liess aber der König durch Beyme Lucchesini ein Schreiben zukommen, das zwar im wesentlichen an den Entschliessungen nichts änderte, aber doch gewisse Bedenken

---

1. 17. August. Denkw. V, 161 ff.
2. Bailleu II, 362 ff.

und Gesichtspunkte des Königs enthielt, die Hardenberg nicht teilte, wie sich aus seinen Randbemerkungen ergiebt[1].

Das Schreiben geht davon aus, dass die Erwerbung Hannovers nicht so wichtig sei; das Land sei ruiniert und erfordere viele Opfer an Geld und Kräften, um es wieder leistungsfähig zu machen, während den Franzosen die Abtretung wenig koste. Hardenberg dagegen schlägt den „temporären Ruin" gering an gegen den Vorteil der Erwerbung des Landes. Ihm ist die Hauptsache, dass die Gefahr, in jeden Krieg zwischen England und Frankreich verwickelt zu werden, dadurch aufgehoben wird.

Dem zweifelhaften Gewinne gegenüber erscheint dem Könige die Gegenleistung Preussens ein grosses Opfer. Er fürchtet, dass die Verbindung mit England den beiden Ostmächten nicht mehr gestatten würde, in Frieden zu bleiben. Wenn sich auch Oesterreich mit den Garantien beruhige, so könne doch Russland allein den Krieg machen. Der letztere Fall scheint ihm noch gefährlicher, da Frankreich, das in Italien von Russland allein nichts zu befürchten habe, dann womöglich Preussen die ganze Last des Krieges aufbürde. Frankreich gewinne dagegen unendlich durch die preussischen Garantien. Hardenberg verkennt die Gefahren des einzuschlagenden Weges nicht, aber er hält sie für geringer, als wenn das Abkommen nicht zustande komme, weil — so dürfen wir ergänzen — dann jede Hoffnung auf Erhaltung des Friedens schwand und zudem die Anwesenheit der Franzosen in Hannover, wie Hardenberg früher ausführte[2], die grössten Verlegenheiten mit sich brachte. Das entging nun auch dem Könige nicht, es war für ihn der einzige Grund, auf die Unterhandlung einzugehen, und die Einwendungen soll Lucchesini auch nur machen, damit Frankreich nicht, wie es öfter gethan, seine Forderungen höher

---

1. Denkw. V, 164 ff.
2. 12. März. Oben S. 24.

spanne, wenn es merke, dass man seine Anerbietungen zu hoch anschlage. Hardenberg wendet dagegen ein, das könne man in jedem Fall erwarten, er verspricht sich keinen Erfolg davon, ebensowenig wie von dem Vorschlage Beymes, die Garantie Italiens in ihren Wirkungen gegen Oesterreich zu beschränken, was nur gehässig gegen dieses sein würde.

Der König macht zum Schlusse noch einen für ihn sehr charakteristischen Vorschlag. Er will die Besetzung des Landes so lange hinausschieben, bis die Russen in Pommern gelandet wären, „bis russischerseits wirklich so etwas gegen den Geist der bisherigen Verbindungen zu Erhaltung der Ruhe im Norden unternommen worden ist." Es sollte den Schein haben, als ob Preussen zu diesem Schritt nur durch Russland selbst genötigt würde. Hardenberg findet das ganz unthunlich. Napoleon würde diese Bedingung nicht annehmen, und gegen Russland würde man nur noch in feindseligerem Lichte erscheinen. „Soll der Schritt wirken, so muss er äusserst beschleunigt werden."

Der König ist offenbar nur ungern auf die ganze Verhandlung eingegangen. Die unzweifelhaften Vorteile leuchteten ihm wohl ein, aber sie wurden ihm durch die Nachteile wieder aufgewogen. Was ihn dennoch bestimmte, der Unterhandlung stattzugeben, war vor allem, dass er darin den einzigen Weg sah, um auf friedliche und doch nicht nachteilige und unehrenhafte Weise aus dem Labyrinthe der sich drängenden Absichten und Entschliessungen zu kommen. Aber er misstraute Frankreich und fürchtete Russland. Von Frankreich meinte er im entscheidenden Moment im Stich gelassen zu werden, Russland aber durch jede Kundgebung von Absichten auf Hannover zu missfallen. Die Furcht vor Russland war nur zu wohl begründet, aber auch, was Hardenberg dagegen einwandte. Bei Hardenberg ist das Verhältnis umgekehrt. Ihm ist das Ausschlaggebende die Erwerbung Hannovers, mochte selbst ein Krieg daraus folgen. Eine einseitige Garantie der französischen Interessen lag ihm fern, aber ohne eine beide Parteien umfassende Garantie war nur noch wenig Hoffnung auf Erhaltung des Friedens, und Preussen wäre im Kriegsfalle in eine sehr üble Lage gekommen. Um Hardenberg ganz zu verstehen, muss man sich erinnern, dass er am 12. März hervorgehoben hatte, dass Preussen isoliert und bei der jetzigen unglücklichen Gestalt der Grenzen die Neutralität nicht aufrecht erhalten könne (oben S. 24). Damals hatte er für den Kriegsfall ein Bündnis mit Oesterreich und Russland in Aussicht genommen, das die Neutralität von ganz Deutschland schützen solle (S. 25). Ein solches Bündnis hatten die Verbündeten abgelehnt. Die Kriegsgefahr rückte aber näher, und noch immer waren die Franzosen in Hannover. Die Teilnahme Preussens am Kriege war dann nach Hardenbergs eigenen Worten notwendig (S. 24). Jetzt bot sich noch eine Möglichkeit, den Krieg zu vermeiden; wenn nicht, so trat Preussen unter ungleich günstigeren Bedingungen und an der Seite eines mächtigen Verbündeten in denselben ein. Man muss Hardenberg zugeben, dass, wenn der König wirklich nicht zu bewegen war, sein Neutralitätssystem aufzugeben — am 14. Juli hatte er in diesem Sinne an Alexander geschrieben[1] —, es schwer war, einen Ausweg zu finden, der die Neutralität noch ermöglichte, ohne die Sicherheit und die Ehre Preussens zu gefährden.

Wir müssen leider wieder konstatieren, dass wir nicht wissen, ob Hardenberg nach dem Scheitern der Verhandlungen mit Russland und Oesterreich und der Sendung Nowossiltzoffs ernstlich versucht hat, dem Könige die Unhaltbarkeit des Neutralitätssystems darzulegen. Laforest berichtet am 20. Juli[2] von einer geheimen Konferenz beim Könige, woran ausser Hardenberg und Möllendorff nur wenige Personen teilgenommen hätten. Man habe den König wegen

---

1. Martens (Russie) VI, 360.
2. Bailleu II, 350. L. nennt seinen Gewährsmann nicht.

seines Entschlusses, die Neutralität aufrecht zu erhalten, gelobt. Von Hardenberg wird keine abweichende Meinung angeführt, aber das könnte Laforest mit Absicht von seinem Gewährsmann verschwiegen sein. Ebenso wenig mag man sich auf seine Angabe verlassen, dass ihm Hardenberg die allgemeine Lage als durchaus noch nicht so kriegsdrohend dargestellt habe.

Schwerer fällt ins Gewicht, dass keine Denkschrift aus jener Zeit vorhanden ist, die sich gegen die Neutralität ausspricht. Hardenberg würde sie sicherlich seinen Memoiren beigefügt haben, wenn er eine solche besessen hätte. Andererseits sagt er selbst,[1] dass er wichtige Sachen — und das war doch wohl diese — schriftlich auseinandergesetzt und dem Könige vorgelesen habe. So kann man mit Wahrscheinlichkeit schliessen, dass er auch jetzt nicht das System offen bekämpft hat, sondern sich begnügt, die Höfe von Kopenhagen, Dresden und Kassel zur gemeinsamen Aufrechterhaltung der Neutralität aufzufordern: eine Massregel, die Beyme schon missbilligte und auch der König auf eine minder bedenkliche Weise zu erreichen suchte.[2] Wie dem auch sei, soviel ist doch gewiss, dass Hardenberg im August die Politik, wie sie oben skizziert, für möglich hielt, da er sich dafür in einem nur zu eigenem Gebrauche bestimmten Schriftstücke ereifert. Die Neutralität wird zwar nicht mehr für alle Fälle festgehalten; das hatte Hardenberg auch am 12. März nicht gewollt. Aber der Zweck ist doch, den allgemeinen Frieden zu bewerkstelligen, wo man der Neutralität gar nicht mehr bedurfte, und von einem aufrichtigen Anschluss an Frankreich, geschweige an die Koalition, kann nicht die Rede sein.

Auf einer Konferenz in Halberstadt (22. August) traten der Herzog von Braunschweig und Schulenburg der Ansicht

---

1. Denkw. II, 33.
2. Denkw. II, 174. 30. Juli 1805.

Hardenbergs bei.¹ Die Garantie suchte man in ihren Folgen noch mehr zu beschränken. Preussen sollte sich in einem Separatartikel nur dann zu einer bewaffneten Garantie verpflichten, wenn Oesterreich in Italien angriffe, da ein Offensivkrieg gegen Russland zu schwierig sei.² Haugwitz dagegen war gegen jede Verbindung mit Frankreich, er empfahl die Neutralität allenfalls durch Waffenrüstungen zu sichern.³

Bereits war aber der ganze Plan nicht mehr durchzuführen, denn am 9. August hatte sich Oesterreich endgültig der Koalition angeschlossen. Am 22. August überschritt die erste russische Hülfsarmee die österreichische Grenze. Am 29. August lief in Berlin ein Schreiben Alexanders vom 19. ein, das den König aufforderte, mit Russland und Oesterreich gemeinschaftliche Sache zu machen. Darin kam die bedenkliche Stelle vor: „Es würde mir sehr angenehm sein, nur Ihrer Freundschaft, Sire, die Erfüllung alles dessen, was ich erstrebe, zu verdanken."⁴ Das Petersburger Kabinet hatte einen ganz neuen Plan gefasst, es wollte Preussen durch Ueberrumpelung zwingen, wenn die Ueberredung nichts fruchtete.⁵

---

1. Hardenberg benutzt Denkw. II, S. 191 ff. einen Aufsatz, den er der Besprechung zu Grunde legte. Das beweisen die teilweise wörtliche Uebereinstimmung mit dem Protokoll der Konferenz und die eigene Bemerkung Hardenbergs S. 195. Doch fügte er 1808 einige Bemerkungen hinzu. Zum Teil sind sie leicht als solche zu erkennen, an anderen Stellen ist man im Zweifel, sodass es geraten scheint, das, was sich nicht im Protokoll findet, für Hardenbergs Ansicht hier nicht zu verwerten.

2. Denkw. V, 167.
3. Denkw. II, 196. Häusser II, 602.
4. M. Lehmann. H. Zt. 39, 97. Martens VI, 360. Dass dies Schreiben am 29. in Berlin war, giebt Lenz, Forschungen z. Brandenb. u. Preuss. Gesch. VI, S. 234 an. S. folg. Anm.

5. Man übersieht den ganzen Plan jetzt genau in der Note an Alopeus, Sbornik 82, 123 ff., aus der Martens (Russie) (VI, 361) einiges mitgeteilt hat. Zwei Perioden der Unterhandlung werden

Beyme hielt den Krieg nunmehr für unvermeidlich;[1] er widerriet den Abschluss mit Frankreich, der zur Allianz mit dieser Macht führe und Preussens Selbständigkeit noch mehr als eine russische Allianz gefährde. Aber Hardenberg hielt sein Programm fest. Er täuschte sich über Russlands Absichten. Die Drohung in Alexanders Briefe hielt er für „sehr glimpflich." Er widerlegte die Besorgnisse Beymes. Er glaubte nicht, dass der Einmarsch der Russen in Oesterreich auf einem geheimen Einverständnisse zwischen Russland und Oesterreich beruhe, ebensowenig glaubte er an den Einmarsch der Russen in Preussen. Er hoffte Russland und Frankreich vom Kriege abhalten zu können. Alles komme auf die Bedingungen und eine vorsichtige Behandlung an.[2] Schlimmsten Falls sei ein Krieg an Frankreichs Seite am wenigsten gefährlich und werde Preussens Lage beträchtlich verbessern.[3]

Auch der König liess die Unterhandlung mit Frankreich noch nicht fallen. Er glaubte auch nicht an das Einverständnis der Kaiserhöfe: sogar Demonstrationen gegen Russland seien unnötig, eine bestimmte Erklärung genüge. Vor allem wünschte er Oesterreich, auf dass er seine Hoffnung setzte, durch Eröffnungen an Metternich zu sondieren. Harden-

---

unterschieden. I. Bis zum 16. Sept., wo die russische Armee Brecz verlassen wird. II. Bis 22/23. Sept. Wenn Alopeus bis dahin keine günstige Antwort erhalten, soll er eine Note übergeben, in der der Einmarsch der russischen Truppen in preussisches Gebiet für den 28. Sept. angekündigt wird. Besonders wird eingeschärft, dass Alopeus die preussischen Minister in völlige Sicherheit zu wiegen, nie zu drohen und auch nach der Uebergabe der Note über den Anschluss weiter zu verhandeln habe.

1. Denkschrift Beymes vom 30. Aug. Hist. Ztschr. 39, 98 f.
2. Randbemerkungen zu einer Denkschrift Beymes. 30. Aug. Hist. Zt. 39, 98 ff.
3. Duncker 210.

berg kam von seiner ersten Meinung über den Einmarsch der Russen in Oesterreich allerdings alsbald zurück, ein geheimes Einverständnis sei wahrscheinlich. Auf der anderen Seite hielt er aber Demonstrationen oder Erklärungen gegen Russland für unnötig. Ueber Oesterreich jedoch dachte er wie sein Monarch. Der Kaiser von Oesterreich werde trotz der 100000 Russen in seinen Staaten Mittel finden, in Frieden zu bleiben, „und ich glaube gewiss, dass er es wollen wird, sobald wir ihm die erwähnten Bedingungen sichern." Die Eröffnung an Oesterreich und Russland wollte er jedoch nicht machen, ehe die Antwort aus Paris da sei; denn die Hoffnung, dass sie zustimmend ausfallen werde, beruhe nur auf Konjekturen und nicht offiziellen Aeusserungen Talleyrands. Auch Metternich wollte er nicht gern vorher etwas sagen, weil dieser wieder alles an Alopeus weitergebe. Russland durfte vor der Zeit nichts erfahren, um seinem Argwohne keinen Grund zu Feindseligkeiten zu geben. Napoleon sollte durch schickliche Mittel zurückgehalten werden, dass er Oesterreich nicht angreife.[1]

Hardenberg hoffte also — das ist deutlich — noch alles ausgleichen zu können. Preussen sollte das Zünglein an der Wage des europäischen Gleichgewichts bilden: Russland und Frankreich wollte er durch die Furcht, Preussen gegen sich zu haben, im Zaume halten. Das Wiener Kabinet hielt er für durchaus friedfertig. Er wollte ihm alle Besorgnisse, die es aus seinem Systeme herausgeführt, nehmen. Dann sollten sich Oesterreich und Preussen vereinen, um die Ruhe des Kontinents aufrecht zu erhalten. Die Erwerbung Hannovers bildete die würdige Krönung dieses stolzen Gebäudes.

Nur kurze Zeit dauerte der Traum. Napoleon hielt den Zeitpunkt endlich für gekommen, um das langersehnte

---

1. Beyme an Hardenberg. 31. Aug. Hardenbergs Denkschrift vom 1. Sept. Bailleu II, 369 f.

Bündnis mit Preussen zu schliessen, das ihm gegen England wie gegen seine kontinentalen Feinde vortrefflich zu statten kommen musste. Er sandte seinen Grossmarschall Duroc, der am 1. September in Berlin mit einem Vertragsentwurfe eintraf. Von den Garantien, die Preussen gefordert, war darin nicht die Rede, vielmehr sollte Preussen einseitig alle französischen Interessen in Italien und im Mittelmeer noch über das früher von Frankreich geforderte Mass hinaus garantieren. Ausserdem verlangte Napoleon, dass Preussen in aller Form gegen Oesterreich Front mache.[1]

Noch gab man in Berlin nicht alle Hoffnung auf. In einer Erklärung an die französischen Unterhändler vom 4. September[2] wurden die bekannten Garantien noch einmal nachdrücklichst gefordert. Zugleich ward ein Kurier nach Wien geschickt, um zu fragen, ob Oesterreich geneigt sei, den Frieden beizubehalten, wenn ihm jene Garantien zugesichert würden.[2] Bis zu der Rückkehr dieses Kuriers wurden die Verhandlungen ausgesetzt.[3]

Inzwischen (7. September) wurde nun doch ein Teil des preussischen Heeres mobil gemacht. Dem Zaren schrieb der König am 6. September, dass er entschlossen sei, die Neutralität zu behaupten, und dazu Truppen bewaffne.[4] Gleichzeitig gab Hardenberg den französischen Gesandten im Auftrage des Königs eine Erklärung über die Ablehnung der französischen Allianzanträge.[5] Jene kühne Hoffnung, die Hardenberg noch eine Woche früher gehegt hatte, schwand immer mehr. Am 8. September schreibt er dem Herzoge von Braunschweig,[6] der Krieg scheine entschieden,

---

1. Ranke, Hardenberg u. die Gesch. d. pr. St. II, 122.
2. Denkw. II, 209.
3. Hardenberg an den Herzog von Braunschweig. 8. Sept. Bailleu II, 376.
4. Denkw. II, 210.
5. Bailleu II, 377 Anm.
6. Bailleu II, 376.

und der Zweck des Königs, den Frieden zu erhalten, scheine nicht erreicht werden zu können. Er schmeichelt sich nicht mehr mit der Hoffnung, dass Oesterreich auf die preussischen Vorschläge eingehe. Auch die von Russland drohende Gefahr sah Hardenberg jetzt anders an. Es scheine, dass man Preussen zwingen wolle, der Koalition beizutreten. Er hofft, dass Preussens feste Haltung solche Pläne zerstören werde, sonst würde der entschiedene Anschluss an Frankreich die Folge sein. Hardenberg mag eine Demonstration gegen Russland, die er noch am 1. September für unnötig hielt, jetzt selbst befürwortet haben.

Wenn je, so war es nun an der Zeit, mit allen Mitteln der Ueberredung gegen das passive System des Königs anzugehen und den verderblichen Wahn zu zerstören, als ob Preussen bei diesem entscheidenden Kampfe einen unbeteiligten Zuschauer abgeben könne. Es findet sich aber keine Andeutung, dass Hardenberg auch nur den Versuch gemacht habe, den König zu bereden, dass er eine bestimmte Partei ergreife. Er bekämpft die Neutralität nicht, er empfiehlt sie auch nicht, er setzt sie einfach voraus. In der Denkschrift vom 10. September stellt er den Satz voran:[1] „Das System S. Königl. Majestät ist die Neutralität Ihrer Monarchie und der angrenzenden Staaten des nördlichen Deutschlands." Er erklärt es für unmöglich, die Neutralität auf die preussischen Grenzen oder gar einen Teil Preussens zu beschränken. Das grösste Hindernis ist für ihn die Anwesenheit der französischen Truppen, die leicht eine Gegenunternehmung der Koalition hervorrufen könnte,[2] in deren Gefolge Preussen genötigt sein würde, wider Willen der Koalition beizutreten.

---

1. Hist. Ztschr. 39, 103 f., Duncker 212, Bailleu II, 380 ff.
2. Diese Besorgnisse waren begründet. Berichte aus Petersburg vom 27. Aug. meldeten, dass ein russisches Expeditionskorps in Kronstadt und Reval eingeschifft und bereit sei, unter Segel zu gehen. Duncker 211.

"Dies zu verhüten halte ich für das Allerdringendste und Notwendigste."[1] Eine Allianz mit Frankreich gilt ebenso selbstverständlich als unannehmbar.

Sein Plan ist, einen Neutralitätsbund wie 1796 zu begründen, und in denselben Hannover, Mecklenburg, Travemünde und die holsteinischen Häfen aufzunehmen. Dann würde der Friedens- und Neutralitätsstand auch bei der Fortdauer des Krieges wie früher behauptet werden können. "Dieses zu bewirken, dahin muss das ganze Bestreben gehen." Er schlägt Besetzung Hannovers und Einladung an Mecklenburg und Lübeck vor, dem Neutralitätssysteme beizutreten. Die beiden letzteren Staaten will er nur mit Zustimmung des Landesherrn besetzen, diese womöglich dazu bringen, dass sie sich den königlichen Schutz erbitten. Russland werde dann jeden Vorwand verlieren, in Schwedisch-Pommern zu landen. Den etwaigen Widerstand der Mächte gegen die Besetzung Hannovers hofft er leicht zu überwinden. Mit Frankreich will er die so oft versuchte Verhandlung auf gänzliche Räumung des Landes gegen Garantie der Neutralität Norddeutschlands wieder aufnehmen; Napoleon habe selbst ein Interesse daran.

Hardenberg macht also gegen die Neutralität nur die Anwesenheit der Franzosen in Hannover geltend. Er hofft dies Hindernis aber zu beseitigen, und dann eine Neutralität Norddeutschlands einzurichten. Denn auf Preussen allein könne man sich nicht beschränken.

Deutlicher noch spricht sich Hardenberg wenige Tage darauf in einem Schreiben an den König aus.[2] Hier em-

---

1. Man muss gegen Duncker (S. 212) auf das "wider Willen" doch wohl mehr Gewicht legen. Duncker sagt, Hardenberg habe den Anschluss an die Koalition überhaupt als das Schlimmste angesehen, was begegnen könne.
2. 15. Sept. Hist. Zt. 89, 105. Bailleu II, 305.

pfiehlt er die Neutralität direkt. Alle kriegführenden Mächte hätten die Freundschaft oder Neutralität Preussens nötig. „Nach meiner innigen Ueberzeugung haben E. K. M. diesem nach, wenn ein festes System mit Energie befolgt wird, die besten und sichersten Aussichten."

Nun muss man einmal hören, wie Hardenberg gleichzeitig zu den fremden Gesandten redete. Dem hannoverschen Gesandten Ompteda erklärte er am 7. September,[1] von der Räumung der kurbraunschweigischen Lande von den französischen Truppen und einer Besetzung derselben durch preussische könne dermalen überall nicht die Rede sein.

Allerdings war in diesem Augenblicke noch kein preussischer Soldat nach Hannover unterwegs, aber wenige Tage nachher stellte Hardenberg den förmlichen Antrag auf Besetzung Hannovers, und seit August verhandelte man sogar über völlige Besitzergreifung des Landes. Diese Verhandlung war freilich am 7. September so gut wie aussichtslos und die militärische Besetzung Hannovers noch nicht beschlossen, aber die Aeusserung Hardenbergs in ihrer allgemeinen Fassung ist völlig irreführend.

Er fügte noch hinzu — und man merkt sehr wohl, worauf er hinaus will, — man solle das Verhältnis der Kurlande ganz dem Schicksale überlassen. Der König werde alles thun, um das Land zu befreien. Die Hauptsache sei, das Land von der französischen Realokkupation zu befreien; auf Nebendinge würde es weniger ankommen. Merkwürdig, dass Hardenberg hier das zukünftige Schicksal des Landes als „Nebending" ansieht, während sein sonstiges Reden und Thun das Gegenteil bezeugt. Aber es sollte noch besser kommen.

---

1. Polit. Nachl. Omptedas I, 73. O. fiel der gereizte, leidenschaftliche Ton auf, in dem der Minister sprach.

Am 16. September, einen Tag nachdem er dem Könige seine „innige Ueberzeugung" von der Vortrefflichkeit des Neutralitätssystemes dargelegt, äusserte er gegen Alopeus, wie dieser sogleich an Metternich wiedererzählte: „Ich will Ihnen bekennen, dass ich dem Könige erklärt habe, es bleibe ihm nichts übrig als den Schild zu erheben." Alopeus unterbrach ihn mit der Frage, gegen wen diese Schilderhebung gehen solle, und die Antwort lautete: „Wie können Sie fragen? Gegen Frankreich!" Hardenberg klagte sodann über den Widerstand, den er von der Person des Königs selbst und dessen Ratgebern erfahre, nur Haugwitz nahm er aus. Als Alopeus ihn beschwor, doch alles daran zu setzen, um dem Könige die Wahrheit zugänglich zu machen, wich Hardenberg aus: erst entschuldigte er sich damit, dass er Haugwitz' Schwäche fürchte, der ihn schon einmal im Stich gelassen habe; schliesslich schwieg er ganz[1].

Es bleiben nur zwei Möglichkeiten. Entweder hat Hardenberg jetzt wie früher die fremden Gesandten über seine eigenen Absichten hinters Licht geführt und die Abneigung des Königs sowie den Einfluss seiner Umgebung vorgeschoben, um sich auf bequeme Weise dem Drängen der Mächte zu entziehen und doch ihr Vertrauen möglichst zu behalten. Oder will man dies nicht gelten lassen, nimmt man an, dass Hardenberg dem russischen Gesandten seine wahre Meinung gesagt habe, so muss man zugestehen, dass Hardenberg sich der grössten Charakterlosigkeit schuldig gemacht habe. Es wäre noch zu verstehen, wenn er die Dinge gehen liess, weil er sich nicht getraute eine Aenderung herbeizuführen. Aber das Gegenteil von dem, was man

---

1. Metternich an Colloredo. 16. Sept. Oncken II, 579. Alopeus' eigener Bericht stimmt damit überein. Martens (Russie) VI, 364. Hardenberg erklärte, er wäre partisan d'une politique plus décidée et cherchait à convaincre le roi de sortir de sa neutralité, — mais tout était inutile.

für richtig hält, dem Könige in einem solchen Augenblicke ausdrücklich als sicher und aussichtsreich hinzustellen, das wäre denn doch eine politische Gesinnungslosigkeit, die niemand an Hardenberg suchen wird. Und die Absicht, Ompteda zu täuschen, bliebe doch immer bestehen.

Auch einen plötzlichen, rätselhaften Gesinnungswechsel kann man nicht annehmen; denn es handelt sich im Grunde hier um dieselben Probleme, die uns schon im Dezember 1804 und im März 1805 beschäftigten. Somit bleibt nur die erste Möglichkeit, und mancherlei trägt dazu bei, sie noch wahrscheinlicher zu machen.

Betrachtet man die Entwicklung oberflächlich, so scheint zwischen der Meinung, die Hardenberg im August vertrat, und der, die er jetzt Mitte September vorträgt, ein Gegensatz zu bestehen. Ein Bündnis mit Frankreich, wenn auch noch so verklausuliert, ging über die strikte Neutralität hinaus und musste durch das natürliche Schwergewicht der Dinge zu engerem Anschluss an Frankreich führen; denn die Verbündeten konnten nicht umhin, Preussen in dem Falle als erklärten Feind zu behandeln. Aber das war mitnichten die Absicht Hardenbergs. Man erinnere sich, was darüber oben gesagt wurde. (S. 39 f.)

Das Bündnis mit Frankreich war in der zweiten Woche des September so gut wie aufgegeben; dafür wurde aber auch die Schwierigkeit von selbst aus dem Wege geräumt, die alle jene Pläne hervorgerufen hatte. Seit Anfang September begannen die Franzosen Hannover zu räumen.[1] Nun brauchte Preussen keine Bündnisse mehr: man konnte hoffen, die alte Neutralität von ganz Norddeutschland herzustellen; Preussen konnte in guter Ruhe dem Kriege im Süden wie früher zusehen. Die Forderungen Napoleons

---

1. Befehl an Bernadotte, 10000 Mann bei Göttingen zu konzentrieren, vom 23. Aug. Corresp. de Napoleon I., Bd. 11, S. 121. Der Befehl zum Aufbruch nach Würzburg ist vom 5. Sept. Ebenda S. 180.

(Anfang September) und die Drohungen Russlands waren auch nicht geeignet, Preussen auf die eine oder die andere Seite zu locken.

Die Geschichte der letzten zehn Jahre mochte Hardenberg täuschen, und er konnte doch auch nicht ahnen, dass die Armee der Verbündeten solch unglaubliche Fehler begehen und Napoleon solch glänzende Siege erfechten werde. Oesterreich schien in dem letzten Kriege hauptsächlich durch den Rücktritt Russlands unterlegen zu sein. Frankreich mochte unbesiegbar, Napoleon nicht zu stürzen sein: dass er binnen kurzem so übermächtig sein werde, dass Preussen nichts übrig blieb, als sich ihm willenlos zu unterwerfen oder einen Verzweiflungskampf zu führen, das konnte man nicht voraussehen. Der preussische Stolz bäumte sich gegen eine solche Auffassung. Und hatte nicht Napoleon auf die preussische Freundschaft immer den grössten Wert gelegt?

Andererseits war ein voller Erfolg gegen Napoleon nicht mit Bestimmtheit vorauszusehen. Wozu sich für fremde Interessen aufopfern? Und wenn auch der Beitritt Preussens die Sache unzweifelhaft zu Gunsten der Verbündeten entschied, hatte Preussen dann nicht das Uebergewicht der anderen Mächte zu fürchten, ohne an Frankreich ferner eine Stütze zu finden? Wenn die Neutralität Norddeutschlands gesichert war, so hatte Preussen alles, was es verlangte, und vielleicht liess sich doch noch ein Weg finden, um Hannover zu erwerben, wenigstens es gegen Westfalen einzutauschen.

Ohne Gefahr war das einmal ergriffene System nicht. Russland konnte immerhin aus der Besetzung der Ostseehäfen Veranlassung zu gewaltsamen Massregeln nehmen. Hardenberg war entschlossen, in diesem Falle Gewalt der Gewalt entgegenzusetzen; er fragte deswegen noch einmal besonders beim Könige an,[1] — auch dies ein Beweis mehr, dass er der Neutralitätspolitik aufrichtig ergeben war.

In diesem Augenblicke lief die ablehnende Antwort Oesterreichs auf die preussischen Vermittelungsvorschläge ein.[2] Damit war das Augustprogramm endgültig beseitigt. Schon vorher war eine Unterhandlung mit Frankreich über Räumung Hannovers eingeleitet. Das Land sollte bis zum Frieden Preussen überlassen werden, das dafür die Neutralität Norddeutschlands und Sicherheit gegen jeden Angriff von dieser Seite garantieren wollte.[3]

Das preussische Kabinet sollte jedoch nicht einen Augenblick seiner Lage froh werden. Während Oesterreich fortfuhr, friedlich über den Anschluss Preussens zu verhandeln, und zu dem Zwecke Merveldt nach Berlin sandte, begann Russland seine Absicht, Preussen zu überrumpeln, auf eine Weise ins Werk zu setzen, die auch Hardenberg nicht mehr an dem Ernst der Lage zweifeln liess. Am 15. September lief ein Brief des Zaren[4] ein, in dem er eine Zusammen-

---

1. 15. Sept. Bailleu II, 585. H. erklärte diese Befürchtungen jedoch nicht für wahrscheinlich. Vgl. oben S. 48.

2. Depesche an Metternich. 11. Sept. Beer 167.

3. Note an die franz. Geschäftsträger. 12. Sept. Denkw. II, 215. Ueber das Datum Bailleu II, LX.

4. Denkw. II, 214. Martens (Russie) VI, 364, und besonders Sbornik 82, 126. — Oncken (II, 21) behauptet, in diesem Briefe sei der Einmarsch einfach angekündigt und nicht erst um Gestattung gefragt. Er beruft sich auf das Antwortschreiben des Königs vom 21. Sept.; mit Unrecht. Alexander kann den Durchzug nicht einfach angekündigt haben; sonst könnte der König nicht mehr von „Befürchtungen" reden, dann wäre seine Unabhängigkeit schon thatsächlich angetastet gewesen. Zum Ueberflusse lässt sich das noch aus dem Auszuge des Briefes, wie er in der Note an Alopeus vom 19. Aug. gegeben ist, beweisen. Da heisst es (Sbornik 82, 126): „... en annonçant au roi de Prusse l'entrée d'une nouvelle armée par Brezz en Galicie ..." Das gehörte aber zu Oesterreich, erst an der Pilica würde die

kunft mit dem Könige vorschlug und peremptorisch Anschluss Preussens und Gestattung des Durchmarsches für zwei russische Heere forderte. Am 18. erfuhr Hardenberg, dáss, wenn Preussen nicht bis zum 22. entschlossen sei, der Koalition beizutreten, am 28. zwei russische Heere in Preussen einrücken würden.¹ Die Antwort war die Mobilmachung der gesammten preussischen Armee (19. Sept.). Auf einer Konferenz am selben Tage ward beschlossen, der König solle, um Zeit zu gewinnen, auf die geforderte Zusammenkunft mit dem Zaren eingehen, bis dahin sich aber den Durchmarsch der Russen verbitten.²

Die Ueberrumpelung unterblieb. Am 27. September traf die Erklärung des Zaren ein, er werde die Armeen an der Grenze stehen lassen, bis die Zusammenkunft stattgefunden habe. Indessen gingen die Verhandlungen mit Frankreich über die Räumung Hannovers weiter. Der König liess an Hardenberg schreiben,³ er möge Duroc begreiflich machen, eine wie mächtige Diversion die jetzige Haltung Preussens für Frankreich bilde, aber man könne sie nur aufrecht erhalten, wenn Frankreich Hannover räume. Der Gedanke des Königs war wohl, dass dann den Verbünde-

---

Armee preussisches Gebiet erreicht haben. Weiter unten: „... elle (der Brief des Kaisers) aura pour conclusion de demander péremptoirement à la Prusse de se joindre à la Russie et de consentir au passage par ses états non seulement de l'armée de Bresz, lorsqu'elle sera arrivée à la Pilica, mais d'une autre venant de la Lithuanie."

1. Alopeus muss doch wohl seine Instruktion überschritten haben, denn diese schreibt ihm vor (Sbornik 82, 128): „Il n'emploiera aucune menace." Er soll vorstellen, dass Preussen nichts von Russland zu fürchten habe.

2. Protokoll der Konferenz vom 19. Sept. Denkw. V, 176 ff.

3. 25. Sept. Bailleu II, 388.

ten jeder Grund genommen wäre, den Krieg nach dem Norden zu tragen; er entsprach Hardenbergs Absichten völlig.

Am 27. September machten die französischen Unterhändler noch einmal den Versuch, Preussen für eine Allianz zu gewinnen: aber Hardenberg lehnte noch am selben Tage auf Befehl des Königs ab, erklärte, dass Preussen neutral bleiben werde, und forderte die Räumung Hannovers.[1]

Am folgenden Tage übergaben die Franzosen ein eben von Paris eingelaufenes neues Projekt zu einem Neutralitätsvertrage.[2] Preussen nimmt Hannover gegen Erlegung einer bestimmten Summe bis zum Frieden in Verwahrung, verpflichtet sich zur Aufrechterhaltung der Neutralität, verhindert jede Kriegsunternehmung der Verbündeten in Hannover und garantiert sogar Holland gegen eine feindliche Invasion. Dafür räumt Frankreich Hannover und erkennt die Neutralität Norddeutschlands an. Es behält sich aber alle Rechte der Eroberung auf Hannover vor. Hardenberg verfasste einen Gegenentwurf, der das Interesse Preussens wahrt und den Geist strengster Neutralität atmet. Geldzahlungen und die unbedingte Garantie Hollands werden abgelehnt. Die Verpflichtung, dass Preussen keinen Anspruch auf Hannover erwerbe, sei auszulassen; es genüge, dass die weiteren Bestimmungen bis zum Frieden verschoben würden. Den Ausdruck „en dépôt" geben will er deshalb durch das unbestimmte „remettre dans ses (des Königs) mains" ersetzen. Er fordert, dass sich die französischen Truppen aus Norddeutschland hinter den Rhein zurückziehen. Um die Neutralität Norddeutschlands wirksam zu sichern, schlägt er eine Demarkationslinie vor, die ähnlich läuft wie die von 1796.

Die gänzliche Räumung des Landes durch die Franzosen macht Hardenberg davon abhängig, dass vorher keine ver-

---

1. Denkw. II, 228—242.
2. Denkw. II, 242 ff. Hardenbergs Bemerkungen 246 ff.

bündeten Truppen daselbst gelandet wären. Diese Fassung ist auffallend genug. Die Franzosen sollen im Lande bleiben, wenn schon Engländer gelandet sind, weil, wie es in dem Begleitschreiben heisst, Preussen sie doch nicht vertreiben könnte, ohne in Kriegszustand zu geraten, den man gerade vermeiden wolle.[1] Diese Bemerkung erschliesst uns nun, was Hardenberg will. Wenn die Engländer wieder im Besitz Hannovers waren und die Franzosen das Land völlig geräumt hatten, dann verlor Preussen jede Berechtigung, sich in Hannover einzumischen; es konnte die Unternehmungen der verbündeten Truppen in Norddeutschland nicht hindern, und der Plan einer anerkannten Neutralität von ganz Norddeutschland zerrann. Hardenberg will sich darum die Möglichkeit, vermittelnd einzugreifen, wahren.

Das Bemerkenswerteste an diesem Entwurfe, der übrigens den Vorschlägen vom 10. September entspricht, ist jedoch, dass Frankreich die Neutralität Norddeutschlands ausdrücklich garantieren und gegebenen Falls mit Waffengewalt aufrecht erhalten soll, während ihm Preussen die ausdrückliche Anerkennung seiner durch die Eroberung erworbenen Rechte weigert. Preussen sicherte sich so ein entscheidendes Wort bei der künftigen Bestimmung über das Schicksal des Landes und gewann zugleich gegen die drohende Anfeindung Russlands die Hülfe Frankreichs. Das letzte war jedenfalls im Augenblick das Wichtigste. Hardenberg giebt in seinen Memoiren[2] an, es sei darauf angekommen, die Unterhandlung etwas hinzuhalten, bis man mit Russland im klaren gewesen. Das ist ohne Zweifel wohl begründet. Denn fiel die Verhandlung mit Russland günstig aus, so brauchte man einen Vertrag mit Frankreich nicht mehr so notwendig, da die Hauptsache (dass die französischen Truppen

---

1. Vgl. Art. 8. Denkw. II, 244. Bemerkung H.'s dazu 247 und 250.
2. II, 252.

Hannover räumten und preussische an ihre Stelle traten) im wesentlichen durch die Ereignisse selbst erreicht wurde.

Hardenberg hatte am 28. September noch an den König geschrieben,[1] er zweifle nicht, dass man erhalten werde, was des Königs Interesse erheische. Also auch jetzt wieder bestärkte er, durch eine zu optimistische Ansicht der Dinge verleitet, den König in seinem Systeme.

Dem Könige war aber dies ganze Paktieren mit Frankreich zuwider. Er liess Hardenberg durch Beyme schreiben,[2] die französischen Bedingungen seien gänzlich unannehmbar. Preussen könne überhaupt nur, so lange die Engländer noch nicht gelandet wären, Hannover in Besitz nehmen. Wenn die Franzosen das Land zeitig genug räumten, wollte der König den Franzosen die Neutralität Hannovers zusichern, jede andere Bedingung erklärte er für unzulässig.

Der Unterschied zwischen den Vorschlägen Hardenbergs und den Entschliessungen des Königs ist äusserlich nicht gross. Aber es geht aus dem ganzen Schreiben Beymes deutlich hervor, dass der König fürchtete, durch die Verhandlungen mit Frankreich doch irgendwie in einen Krieg mit den Verbündeten verwickelt zu werden, — er fühlte heraus, dass Frankreich die preussische Freundschaft missbrauchen werde. Auf die Neutralität von ganz Norddeutschland legte er nicht das Gewicht wie Hardenberg. Er war auch ohnedem fest entschlossen, neutral zu bleiben. Er wollte nicht einmal von der Möglichkeit hören, dass ihm Russland und Oesterreich nicht gestatteten, neutral zu bleiben. Er hielt es für ganz zweckwidrig, sich schon jetzt mit den Fällen zu beschäftigen, wo es zum Kriege kommen könne.[3] Doch

---

1. Bailleu II, 392.
2. 3. Oktober. Denkw. II, 253.
3. Denkw. II, 253. Die Erzählung Hardenbergs macht hier durchaus den Eindruck der Zuverlässigkeit.

erklärte er, jede Verletzung seiner Neutralität und Unabhängigkeit mit Gewalt zurückweisen zu wollen.[1]

Hardenberg hatte überhaupt damals dem Könige gegenüber einen schweren Stand. Es handelte sich um die Zusammenkunft mit Alexander und die Vorschläge, die man Russland machen wollte. So lange man damit nicht im Reinen war, wollte sich Hardenberg, wie gesagt, die Möglichkeit des Anschlusses an Frankreich offen halten. Der König wollte von den diplomatischen Künsten, in denen sich Hardenberg gefiel, nichts wissen; er stellte sich auf den Standpunkt, dass er neutral bleiben wolle und entliess Hardenberg und den Herzog von Braunschweig nach einer Konferenz am 1. Oktober, ohne einen Beschluss gefasst zu haben. Erst nach einem neuen Vortrage genehmigte er Hardenbergs Vorschläge.[2]

Diese gingen dahin, dass der König den Durchmarsch der Russen ablehnen, aber sich zur bewaffneten Vermittlung erbieten solle. Damit war aber nichts weniger als der von Russland geforderte Beitritt zur sogenannten bewaffneten Vermittlung der beiden Kaiserhöfe, d. h. der Beitritt zur Koalition gemeint; vielmehr wollte Preussen unabhängig von beiden Parteien vermitteln. Zu diesem Zwecke sollte es zunächst neutral bleiben; Russland sollte in die zur Behauptung der Neutralität zu ergreifenden Massregeln (Unterhandlung mit Frankreich über Hannover, Aufstellung eines Truppenkorps) willigen. Damit wäre die von Russland drohende Gefahr beseitigt, die Neutralität von beiden Seiten anerkannt worden. Hardenberg spricht sich über das Weitere nicht ganz klar aus. Für den Fall, dass Napoleon billige Bedingungen nicht annimmt, wird dem Könige die Wahl seiner Handlungen vorbehalten, „nach den Umständen."

---

1. Rescript an Finkenstein. 3. Okt. Wertheimer, Gesch. Oesterreichs und Ungarns I, 277. Häusser II, 608.

2. 6. Okt. Bailleu II, 393.

Es wird in Aussicht gestellt, dass sie nicht gegen Russland ausfallen soll, „wenn dieses nicht selbst dazu zwingt." Das ist alles recht unbestimmt, Preussen verpflichtete sich dadurch zu nichts.

Wie die Denkwürdigkeiten angeben[1], hat Hardenberg am 1. Oktober geäussert, wenn die Mediation scheitern sollte, könnten gewisse Fälle bestimmt werden, in denen der König sich gegen Frankreich erklärt haben würde: „solche nämlich, in denen dieses seine gegen Preussen zu übernehmenden Verbindlichkeiten selbst nicht erfüllte", womit die Bedingungen des Neutralitätsvertrages, wie ihn Hardenberg vorschlug, gemeint sind. Uebrigens heisst es auch hier: „oder der König konnte nach den Umständen seine Massregeln nehmen." Da der König von den Fällen, in denen man sich hätte gegen Frankreich erklären müssen, durchaus nichts wissen wollte, liess Hardenberg diesen Passus später fallen. Aber auch, wenn er beibehalten wäre, kann man sich doch nicht dem Eindrucke verschliessen, dass es ihm mit der ganzen bewaffneten Vermittlung nicht so ernst war. Denn sollte sie eine wirkliche Bedeutung haben, so musste Preussen, statt alles von den Umständen abhängig zu machen, vielmehr verkündigen, es werde billige Bedingungen aufstellen und derjenigen Partei, die sie verwerfe, den Krieg erklären. Um nicht gegen Russland Krieg führen zu müssen, konnte man diese Bedingungen, wie später geschah, vorher mit ihm verabreden. Dann herrschte wenigstens Klarheit. Aber Hardenberg dachte immer noch sich zwischen den beiden Parteien durchwinden, ja eine Stellung über ihnen einnehmen zu können, ohne zu den Waffen greifen zu müssen. Nur im Notfalle wollte er, wenn Preussen von der einen Macht angegriffen würde, der Hülfe der andern versichert sein. Jene Hoffnung Hardenbergs bewog denn wohl auch den König, seine Einwilligung zu er-

---

1. II, 252.

teilen, nur wollte er nicht selbst zu der Zusammenkunft mit Alexander gehn, sondern den Herzog von Braunschweig schicken; denn er fürchtete jedenfalls, unter dem Eindrucke von Alexanders bezaubernder Persönlichkeit wider Willen zur Teilnahme am Kriege fortgerissen zu werden.

Man kann einen Augenblick glauben, gerade dieses habe Hardenberg gewünscht und seine Vorschläge nur aus Rücksicht auf den König vorerst noch gemässigt. Es würde das einen plötzlichen Umschwung voraussetzen und liesse sich nur durch eine veränderte Ansicht über Russland erklären; aber die Geschichte der folgenden Wochen belehrt uns, dass daran gar nicht zu denken ist. Ein gewisser Gegensatz zum Könige ist ja nicht zu verkennen; indess er betrifft wie früher mehr Mittel und Wege der Politik. Die Ziele sind insofern dieselben, als sowohl Hardenberg wie der König sich keiner der beiden streitenden Parteien offen anschliessen wollten. Ob ihre Beweggründe dieselben waren, wird sich noch zeigen.

Der Neutralität wurde alsbald von dritter Seite ein gewaltsames Ende bereitet. Damit beginnt ein neuer Abschnitt in der Geschichte des preussischen Staates.

Drittes Kapitel.

Der Potsdamer Vertrag und seine Folgen.

In dem Augenblicke, wo Hardenberg die Genehmigung des Königs zu seinen Vorschlägen erhalten hatte, traf die Botschaft aus Ansbach ein, dass am 3. Oktober französische und bayrische Truppen ungeachtet aller Warnungstafeln mitten durch das preussische Gebiet gezogen seien.

Als vor Jahresfrist Napoleon die Ehre Preussens durch Verletzung eines benachbarten neutralen Gebietes angriff, da hatte Hardenberg nicht gezögert, kräftige Beschlüsse zu fordern, die jedoch an der Friedensliebe des Königs scheiterten. Jetzt schienen beide ihre Rollen vertauscht zu haben. Der König fühlte sich persönlich beleidigt, er wollte die französischen Gesandten auf der Stelle fortschicken[1]. „Alle meine Pflichten sind andere geworden," schrieb er an Alexander; „der Umstand, dass diese sich mit den Ihrigen vereinigen werden, gereicht mir zum Trost." Er machte sich darauf gefasst, dass der Bruch mit Frankreich in Folge der von ihm getroffenen Massregeln auf der Stelle eintrete[2]. Endlich war also das Haupthindernis einer entschiedenen Parteinahme, der Widerwille des Königs gegen jeden Krieg, beseitigt. Hardenberg brauchte nur zuzugreifen, um mit einem Schlage allen verderblichen Schwankungen ein Ende zu machen. Aber jetzt war er es, der nicht so schroff vorgehen wollte, er brachte den König von seinem Entschlusse zurück[3].

1. Denkw. II, 263.
2. 9. Oktober. Duncker 236.
3. Denkw. II, 263.

Setzt man voraus, dass Hardenberg im Grunde die Teilnahme Preussens an der Koalition oder auch nur überhaupt eine entschiedene Parteinahme gewünscht habe, so müsste sein Verhalten in diesem Augenblicke, angesichts einer völlig mobilen Armee, geradezu rätselhaft genannt werden. Auch der Grund, den er in den Denkwürdigkeiten anführt, er habe vorausgesehen, dass nach der Abkühlung der ersten Hitze ohnehin solchen Schritten, wie der König sie gewollt, keine Folge gegeben werden würde, ist nur eine Ausflucht: wenn einmal der Bruch mit Frankreich besiegelt war, dann musste Preussen wohl vorwärts. Aber auch ohne jene Voraussetzung fragt man, wie Hardenberg noch zweifeln konnte, ob Preussen sich gegen Frankreich zur Wehr setzen solle oder nicht. Die Antwort dürfen wir wohl in dem Protokoll einer Konferenz vom 7. Oktober suchen, das von Hardenberg sofort an den König geschickt wurde und seine volle Zustimmung gehabt haben wird[1].

An der Konferenz nahmen ausser Hardenberg der Herzog von Braunschweig, der Feldmarschall Möllendorff und der Minister Schulenburg teil.

Man kam überein, dass das französische Vorgehen eine schwere Verletzung der preussischen Neutralität bedeute, ja dass diese gar nicht mehr bestehe. Man täuschte sich auch gar nicht darüber, dass es für einen grossen Staat schon an und für sich unmöglich sei, solche Beleidigungen ungeahndet zu lassen, dass aber gegenwärtig eine noch weit dringendere Notwendigkeit dazu vorhanden sei, weil Preussen sonst sich die Feindschaft Russlands und Oesterreichs unfehlbar zuziehen werde. Man bekämpfte nachdrücklich die Vorstellung, als ob eine Neutralität länger als eine kurze Zeit noch zu behaupten möglich sein werde. Man war sich also über die Natur der jüngsten französischen Rechtsverletzung durchaus nicht im unklaren. Aber welche

---

1. Denkw. II, 268. vgl. Duncker 236.

Folgerung zogen die vier preussischen Staatsmänner daraus! Statt Frankreich den Krieg zu erklären, meinen sie, Preussen müsse Napoleon billige Vorschläge zum allgemeinen Frieden machen. Napoleon müsse durch Preussens Gewicht bewogen werden, sie anzunehmen. Dabei wird nicht verhehlt, welche geringe Aussicht auf Erfolg diese Massregel habe.

Was bestimmte Hardenberg und die andern trotzdem dazu, noch einmal den Weg der Verhandlungen zu beschreiten? Auch darüber sprechen sie sich mit aller wünschenswerten Deutlichkeit aus. Sie erklären dem Könige, dass seine Verbindlichkeiten und Versprechungen gegen Frankreich ganz wegfielen, dass er völlig frei sei, zu thun, was seinem Interesse gemäss sei. Dies Interesse erfordere aber, dass Preussen zwar die Unterhandlungen mit Russland und Oesterreich auf das freundschaftlichste fortsetze, dass es sich dabei aber die Hände nicht mehr binde, als es den weiter eintretenden Umständen und eben dem „Interesse" des Königs entsprechen würde. Am Schluss wird noch einmal hervorgehoben, dass es wichtig sei, „sich auch mit Russland und Oesterreich nicht unbedingt, sondern nur dem wahren preussischen Interesse gemäss zu verbinden."

Was man unter diesem preussischen Interesse im einzelnen verstand, sehen wir aus dem Protokoll des zwei Tage später abgehaltenen Staatsrates, in dem überhaupt das Programm der preussischen Politik festgestellt ward, wie es in den nächsten Wochen thatsächlich befolgt wurde[1].

Es ist folgendes: Aufhebung der Verpflichtungen gegen Frankreich, ohne mit ihm zu brechen, Aufmarsch des preussischen Heeres gegen Frankreich, Besetzung Hannovers und bewaffnete Friedensvermittlung Preussens im Einverständnis mit Russland. Dabei bedingt sich Preussen aus, dass ihm Russland einmal Subsidien, dann aber Hannover

---

1. 9. Oktober. Denkw. II, 275 ff.

und überhaupt eine „bessere Begrenzung" garantiere. Die Besetzung Hannovers scheint auf Hardenbergs Antrag beschlossen zu sein, denn in den von Lombard aufgesetzten „vorläufigen Königlichen Entscheidungspunkten,"[1] die der Beratung zu Grunde lagen, steht kein Wort davon. Noch eine andere bezeichnende Aenderung wird auf Hardenberg zurückgehen. In der Konferenz vom 7. Oktober war beschlossen worden, dass man den Russen den Durchzug nur durch Schlesien nach dem österreichischen Kriegsschauplatze gestatten dürfe, nicht aber durch Mecklenburg, Pommern und die angrenzenden preussischen Provinzen. In den „Königlichen Entscheidungspunkten" fiel diese Beschränkung fort, der russischen Operation durch das Mecklenburgische sollte nichts in den Weg gelegt werden. Nach den endgültigen Beschlüssen wird den Russen zwar der Durchmarsch durch Mecklenburg gestattet, aber „auf dem kürzesten Wege über Lauenburg und Hoya nach Westfalen zwischen die Vechte und Ems," also ausserhalb Hannovers, zwischen Hannover und Holland. Nach den Beschlüssen vom 7. Oktober sollte ferner den Russen eine Landung in Westfalen, Pommern und Mecklenburg gestattet sein; die französischen Truppen sollten aus Hannover verdrängt werden, wie die Franzosen es mit den preussischen in Ansbach gemacht hätten, wenn nicht Napoleon sie vielleicht als Folge der Unterhandlungen herausziehe.

Hardenberg hatte nach dem allen also eine doppelte Absicht. Einmal wollte er alle fremden Truppen aus Hannover entfernen, das Land durch preussische allein besetzen und womöglich endgültig für Preussen erwerben. Dann aber sah er die Notwendigkeit wohl ein, sich von Frankreich Genugthuung zu verschaffen. Er glaubte beides zugleich zu erreichen, wenn Preussen Frankreich kategorisch seine Friedensbedingungen stellte, andererseits aber sich zunächst

---

1. Denkw. II, 275.

von Russland und dann von den anderen Mächten der Koalition den Preis für dies kühne Auftreten gegen Frankreich im voraus zusichern liess.

Der Fortschritt gegen die noch kurz vor dem Ansbacher Ereignis konzipierte Politik (oben S. 57 f.) besteht im wesentlichen nur darin, dass jetzt mit der bewaffneten Vermittlung Ernst gemacht werden sollte, dass Hardenberg entschlossen war, wenn Napoleon die Vorschläge Preussens nicht anhören wollte, wirklich zum Kriege zu schreiten. Einen Versuch, im Frieden auszukommen, wollte er jedoch noch machen, und wir werden sehen, dass das keine Formsache war, um etwa Zeit zum Aufmarsch des Heeres zu gewinnen. Wie die Verhältnisse einmal lagen, war aber auch dieser Beschluss schon als Gewinn zu begrüssen.

Es ist auffallend, wie langsam in der folgenden Zeit die militärischen Massregeln getroffen wurden, und wie lange es dauerte, bis die nötigen Verabredungen mit Russland zustande kamen. Die Kabinetsordres, die den Marsch der Armee nach Westen anordneten, sind erst vom 13. Oktober[1]. Die Verhandlungen mit den Mächten der Koalition zögerte Hardenberg gegen die Absicht des Königs hin. Der König hatte an Alexander geschrieben, er hoffe, dass die beiderseitigen Minister nicht verziehen würden, sich über die Mittel zu verständigen, deren Uebereinstimmung in erster Linie erforderlich sei[2]. Am 9. Oktober erteilte er Hardenberg den Auftrag, die Verhandlung mit Alopeus zu eröffnen. Nach sechs Tagen hatte Hardenberg noch nicht gemeldet, wie jener die Eröffnungen aufgenommen habe. Der König wollte Haugwitz nach dessen Rückkehr aus Wien, wohin er geschickt war (22. September), um durch Oesterreich auf Russland zu wirken, an Alexander senden. Hardenberg widersprach, er wollte die Verhandlung in Berlin führen.

---

1. M. Lehmann, Scharnhorst I, 348. Anm.
2. Für dieses und das folgende vgl. Duncker 236 f.

Der Grund ist deutlich. Hardenberg wollte sich nicht voreilig zum Kriege gegen Frankreich fortreissen lassen, er wollte die Unterhandlung in der Hand behalten. Die Hauptsache war, dass Hannover besetzt werde — das ist sein erster und letzter Gedanke — und dass sich der Krieg nach dem Süden ziehe, das übrige konnte man abwarten. Wenn man sich nicht gar so eifrig zeigte, so mussten die Verbündeten wohl schon einen nicht zu verachtenden Preis für Preussens Hülfe bieten. Dazu wurde man durch längeres Warten die noch immer unbequeme Anwesenheit der russischen Truppen in den preussischen Staaten los und freier Herr seiner Entschliessungen.

Metternich berichtet am 16. Oktober[1], dass Hardenberg ihm Eröffnungen über Preussens Beitritt zur bewaffneten Vermittlung gemacht habe. Hardenberg sprach den Wunsch aus, die Verhandlungen bald beginnen zu können, vermied aber, irgend eine Verpflichtung zu übernehmen. Er versicherte Metternich nur im allgemeinen der Hülfe Preussens. Sie ward an ein künftiges Uebereinkommen geknüpft, der Idee der Mediation gemäss. Zwei Tage später versicherte er Metternich, dass Oesterreich unfehlbar auf Preussen rechnen könne, und begründete dies merkwürdiger Weise und sehr im Widerspruche mit seinem eigenen Schreiben vom 7. Oktober — man ist versucht zu sagen mit der Phrase: „Wie darf man voraussetzen, dass Bonaparte in diesem Augenblicke irgend welche Friedensvorschläge anhören wird"[2]? Ueberhaupt drückte er sich unbestimmt und ausweichend aus. Die Tendenz hinzuhalten zeigt sich auch in dem Entwurfe einer Note an die französischen Geschäftsträger[3]. Er war bemüht, den Ton sehr gemässigt zu halten, so dass der König durch Lombard eine schärfere ausarbeiten liess, in der namentlich auch

---

1. Beer 170. Metternich, Nachgelassene Papiere I, 2, 69.
2. Nachgel. Pap. I, 2, 64.
3. Denkw. II, 288.

nichts von Hannover erwähnt war. Hardenberg hatte die Besetzung angekündigt, aber so zu sagen zugleich um Entschuldigung dafür gebeten, um ja den Bruch zu vermeiden. Um nicht zu früh mit den Franzosen zusammen zu geraten, liess er sich sogar herbei, mit den französischen Unterhändlern einen Modus der Besetzung Hannovers zu erörtern, der jede Kollision mit den dortigen französischen Truppen ausschloss, und die Note vorläufig als suspendiert zu betrachten. Der König wollte jedoch nichts davon wissen[1].

Eigentümlich von diesem Verhalten gegen Frankreich sticht die Art ab, wie Hardenberg gleichzeitig gegen Bayern vorgehen wollte. Er fragte den König, ob er sich darauf beschränken wolle, seinen Unwillen in scharfen Ausdrücken kundzuthun, oder ob der preussische Gesandte in München abberufen und der bayrische aus Berlin fortgeschickt werden solle.[2] Diese Episode, so unbedeutend sie an sich ist, ist doch sehr bezeichnend. Den kleinen Staat, der im Gefolge seines übermächtigen Verbündeten die preussische Grossmacht missachtet hatte, wollte Hardenberg die ganze Schwere seines Zornes empfinden lassen, Napoleon aber, der moralisch an allem Schuld war, rücksichtsvoll behandeln. Glaubte Hardenberg auf diese Weise Preussens Ehre zu wahren? Der König erkannte wohl, dass man hier keinen Unterschied zwischen Frankreich und Bayern machen dürfe, er begnügte sich, dem bayrischen Gesandten seine Unzufriedenheit ausdrücken zu lassen.[3]

Die Verhandlungen über die Vermittlung Preussens kamen erst in Fluss, als Alexander in Berlin eintraf (25. Oktober), doch dauerte es noch über eine Woche, bis der Vertrag[4] zu Stande kam. Wir wenden uns diesem zu.

---

1. Bailleu II, 400. Duncker, 236.
2. 13. u. 14. Okt. Bailleu II, 397 u. 399.
3. 16. Okt. Bailleu II, 400.
4. Martens (Russie) II, 481 ff. Denkw. II, 324 ff.

Der Vertrag wurde zunächst zwischen Preussen und Russland geschlossen, Oesterreich trat durch eine besondere Erklärung bei. Gemäss den Beschlüssen vom 9. Oktober übernahm Preussen die bewaffnete Vermittlung zwischen den kriegführenden Mächten. Die Bedingungen, die Preussen Frankreich vorschlagen sollte, wurden mit den Verbündeten verabredet. Es war also nur die Frage, ob Frankreich sie annehmen würde oder nicht. Man ist geneigt, das letztere als selbstverständlich vorauszusetzen: die Vermittlung würde dann nur dazu gedient haben, Zeit für die militärischen Rüstungen zu gewinnen und Napoleon formell ins Unrecht zu setzen. So fassten Russland und Oesterreich die Sache auf. Es fragt sich jedoch, ob man im preussischen Kabinet, ob vor allem Hardenberg ebenso dachte. Wie wir gesehen haben, hatte Hardenberg in den ersten Wochen des Oktober den Gedanken durchaus nicht von der Hand gewiesen, dass Napoleon Preussens billigen Vorschlägen Gehör geben werde. Freilich hatte Napoleon seit der Katastrophe Macks in Ulm (17. Oktober) den Verbündeten gegenüber eine überlegene Stellung eingenommen, sie konnten ihm thatsächlich in den nächsten Wochen nicht mit ausreichenden Streitkräften entgegentreten. Wenn ihm nun aber Preussen in die Flanke fiel, so geriet er mit einem Male in die gefährlichste Lage. Bis die preussische Aktion eintrat, verflossen nach Artikel VII des Vertrages mindestens vier Wochen, bis dahin konnten sich auch die Streitkräfte der Koalition wieder gesammelt haben, zumal da die russischen Truppen noch gar nicht, und die österreichischen nur teilweise gefochten hatten. Napoleon hätte sich dann von verschiedenen Seiten durch eine bedeutende Uebermacht angegriffen gesehen. Sollte er da nicht bei Zeiten nachgeben, wenn man ihm irgend annehmbare Bedingungen bot? Man konnte doch wirklich nicht voraussetzen, dass eine Schlacht wie die von Austerlitz allem eine so ganz andere Grundlage geben würde, und man muss sich fragen, wie würden sich die Verhältnisse gestaltet haben, wenn jener verhängnisvolle Entschluss zur Schlacht im russischen Hauptquartier nicht gefasst wäre? Vor allem müssen wir die „billigen Bedingungen" kennen lernen, die man Napoleon stellen wollte.

Im zweiten Artikel sind die Vorschläge, die Preussen machen würde, ausführlich aufgezählt. Ihnen liegt die am 11. April zwischen England und Russland verabredete Friedensbasis[1] zu Grunde, jedoch mit einigen Modifikationen. Ein Vergleich ergiebt Folgendes:

1. Als Grundlage der Vorschläge werden in Potsdam die Verträge hingestellt: alles was Oesterreich zu Lunéville und in den folgenden Uebereinkommen Frankreich zugestanden hat, soll den Franzosen verbleiben. Unter den „folgenden Uebereinkommen" ist der Vertrag vom 26. Dezember 1802 zu verstehen, in dem Oesterreich alle in Italien seit dem Lunéviller Frieden getroffenen Veränderungen anerkannte. Danach behielt Frankreich: Belgien, das linke Rheinufer, Piemont und Elba. In der Friedensbasis war Piemont höchstens für einen Verwandten Napoleons zugestanden, aber als unabhängige Macht, und nie sollte es mit Frankreich verbunden werden.[2]

2. Entschädigung für den König von Sardinien. Es werden vier Möglichkeiten zugelassen. Die drei ersten stimmen wörtlich mit denen der Friedensbasis vom 11. April überein. Sie enthalten alle als festen Bestandteil: die ligurische Republik, Parma und Piacenza und lassen nur für einen noch dazu kommenden Teil Landes freien Spielraum. DieserTeil ist aber jedesmal ungefähr ebenso gross wie der feste Bestandteil der Entschädigung. Wenn also der Potsdamer Vertrag festsetzt, für den Fall dass es unmöglich wäre, eine dieser drei Alternativen zu erreichen, solle nur Parma und Piacenza und die ligurische Republik gefordert werden, so ist damit diese Forderung eigentlich auf die Hülfte herabgesetzt.

---

1. Martens (Russie) II, 448 ff. S. Anhang. — 2. Die Potsdamer Bestimmungen entsprechen übrigens den Vorschlägen, die Oesterreich kurz vor Beginn des Krieges machen wollte. Denkw. II, 169 ff.

3. Um die Unabhängigkeit Neapels, Hollands, Deutschlands und der Schweiz zu sichern, wird gefordert: a. Diejenigen Länder, die von französischen Truppen besetzt sind, sollen nach dem Frieden geräumt werden. — b. Freiheit der Regierungsform für alle, besonders für die Schweiz, und Freiheit, eine solche Allianz zu schliessen. die sie als notwendig für ihr Bestes und ihre Sicherheit ansehen. — c. Freiheit Festungen zur Verteidigung zu bauen.

Diese Forderungen stimmen mit denen der Friedensbasis fast wörtlich wieder überein, die Abweichungen sind aber sehr bemerkenswert. Erstens ist hier Neapel für Italien eingesetzt, — der Unterschied springt in die Augen. Zweitens ist im Potsdamer Vertrage neu hinzugekommen: die Freiheit, Allianzen nach eigenem Ermessen zu schliessen. Wer wollte denn nun die Staaten hindern, mit Frankreich Allianzen wie bisher zu schliessen? Dafür dass dies dem Anscheine nach freiwillig geschehe, verstand ja Napoleon meisterlich zu sorgen. Wenn das russische Vertragsprojekt vom 11. Juni[1] Freiheit der Allianz forderte, so war gemeint, dass die kleinen Staaten nicht zum Anschluss an Frankreich gezwungen werden sollten. Aber auch hier war keine Garantie gefordert. Dagegen bestimmten die schon angeführten[2] österreichischen Vorschläge, dass ihnen nicht gestattet werden sollte, sich mit Frankreich zu vereinigen. Der Potsdamer Vertrag bezeichnet also einen Rückschritt. Wir untersuchen nicht, ob Preussen vom Standpunkte eines unparteiischen Vermittlers aus eine derartige Garantie hätte fordern können, es kommt nur darauf an zu zeigen, dass thatsächlich durch die verabredeten Vorschläge wenig Sicherheit für die Zukunft erzielt wurde, dass man leicht doch wieder ans Schwert hätte appellieren müssen.

4. Russland zieht seine Truppen aus Corfu zurück. In der Friedensbasis war dazu gefordert, dass die erste russische

---

1. Sbornik 82, 63.
2. vgl. S. 68, Anm. 2.

Garnison, die auf Bitte der Pforte eingeführt sei, dort bleibe, oder dass wenigstens die Unabhängigkeit der Inseln durch besondere Massregeln gesichert werde.

5. Oesterreich erhält in Italien den Mincio und den Po als Grenze, Mantua und il Polesine di Rovigo einbegriffen. Dafür erkennt es den neuen König der Lombardei an, deren Krone von der französischen zu trennen ist und sich derselben Unabhängigkeit wie die oben genannten Länder erfreut. Dies Königreich hatte in der Friedensbasis nur dann eine Stelle, wenn Piemont an den König von Sardinien zurückfiel, und auch dann sollte seine Ausdehnung noch durch die Versorgung des Kurfürsten von Salzburg und des Herzogs von Modena beschränkt sein. Wenn aber Piemont an einen Verwandten Napoleons fiele, dann sollte die damalige italienische Republik, die jetzt das neue Königreich gebildet haben würde, teils zur Entschädigung für Sardinien, teils zur Versorgung der genannten Fürsten verwendet werden. Von dieser Versorgung ist im Potsdamer Vertrage überhaupt nicht die Rede, sie mussten in Deutschland bleiben. — Die Grenze Oesterreichs wird in der Friedensbasis ähnlich bestimmt.

6. Garantie der Pforte gegen jede Rache Frankreichs wegen der Schritte, die der Divan infolge seiner Vereinigung mit Russland gethan habe. Diese Forderung findet sich nicht in der Friedensbasis, wo sie noch nicht am Platze war. Uebrigens änderte sie nichts: Frankreich wäre ein Vorwand genommen, seine Macht in der Türkei auszudehnen, sonst blieb der status quo erhalten.

7. Preussen stimmt jedem Opfer zu, das Oesterreich für zulässig hält, um den Frieden zu erlangen, nachdem alles versucht ist, um die obigen Bedingungen ohne Ausnahme durchzusetzen. Diese Bestimmung hat keine Verbindlichkeit für Russland. In der Friedensbasis hat sie keine Stelle.

Es ergiebt sich demnach, dass die preussischen Vorschläge diejenigen vom 11. April wesentlich zu Gunsten Frankreichs modifizieren. Die wahre Bedeutung dieser Thatsache wird aber erst klar, wenn man sich erinnert, dass jene Bedingungen der Friedensbasis ihrerseits schon die äusserste Linie darstellen, bis zu der man damals zurückgehen wollte. Gefordert sollte thatsächlich zunächst viel mehr werden, und nur wenn man damit nicht durchdringe, wollte man sich zu jenen äussersten Zugeständnissen herbeilassen. So war auch das Vertragsprojekt gearbeitet, das Nowossiltzoff vorlegen sollte.[1] Oesterreich hatte zwar noch weitere Ermässigungen für zulässig gehalten,[2] so, dass Piemont an Frankreich überlassen werden könne und ausserdem ein Teil der italienischen Republik an einen französischen Prinzen, aber es hatte doch Sicherung des Restes verlangt, während man jetzt eventuell das ganze Territorium der italienischen Republik in ein Königtum der Lombardei verwandeln wollte.

Die Bedingungen waren günstig genug für Frankreich.[3] Von direkten Erwerbungen sollten nur Parma und Genua unbedingt herausgegeben werden. Die Krone des Königreichs der Lombardei sollte von der Frankreichs getrennt werden, wie es bei der Errichtung des Königreichs Italien in Aussicht genommen war.[4] Jedenfalls wäre es ein französischer Klientelstaat geblieben. Die Entschädigung Sar-

---

1. Sbornik 82, 63 ff.
2. Beer, Zehn Jahre 496 ff. und Oestr. Archiv 58, 171 ff.
3. Vergl. dazu eine Denkschrift Lombards (Denkw. V, 190), welche diese Ansicht bestätigt. Noacks Ausführungen (Giessener Studien auf dem Gebiet der Geschichte II, S. 26) kann ich nicht beistimmen. Noack sieht in L.'s Arbeit, wohl verleitet durch die konditionale Fassung, eine scharfe Kritik vom Standpunkt des preussischen Interesses, während mir nach allem, was man sonst von Lombard weiss, gar nicht zweifelhaft ist, dass er nur hervorheben wollte, wie günstig die Bedingungen für Napoleon lauten. Diese Bemerkungen können sehr wohl als Instruktion für Haugwitz angesehen werden, wie Hardenberg annimmt. (II, 343.)
4. G. F. de Martens, Recueil des traités VIII, 308 ff.

diniens verlor ihre Bedeutung. Zwischen dem französischen Piemont und der Lombardei gelegen, von der Verbindung mit Oesterreich abgeschnitten, war es Frankreichs Macht preisgegeben; höchstens dass es im Besitze des Hafens von Genua mit England in Verbindung treten konnte. Dass die Bestimmung über die Unabhängigkeit der Frankreich benachbarten Länder diese nicht abzuhalten brauchte, sich durch eine Allianz an Frankreich anzuschliessen, wurde schon bemerkt. Auf der anderen Seite erlangte Frankreich den Vorteil, dass Russland Corfu räumte und dazu standen noch weitere Nachgiebigkeiten Oesterreichs in Aussicht. Frankreichs Machtumfang, wie er damals bestand, wäre nicht allein im wesentlichen ungeschmälert geblieben, sondern wäre noch dazu von den vorwaltenden Mächten des Kontinents anerkannt worden.

Das waren die „billigen Bedingungen", von denen Hardenberg geredet. Man musste freilich darauf Rücksicht nehmen, dass Napoleon bis jetzt der Sieger war und bei der Schnelligkeit seiner Bewegungen, ehe die verbündeten Truppen gehörig versammelt waren, noch weitere Siege erfechten konnte, aber man war ihm auch weit genug entgegengekommen. Jene Friedensbedingungen der Verbündeten waren vor dem Kriege aufgestellt, das Ziel des Krieges selbst hatten sie sich höher gesteckt; Alexander wenigstens plante eine Beschränkung Frankreichs auf seine natürlichen Grenzen. Die Koalition hatte den Besitzstand Frankreichs angefochten, durch die Potsdamer Bedingungen wurde er vielmehr rechtlich anerkannt. Der Kontinent wurde beruhigt, Napoleon konnte sich ganz seinen Absichten gegen England widmen. Auf der anderen Seite drohte dem französischen Kaiser Preussens Feindschaft. Wirklich, man hätte denken sollen, dass Napoleon sich besinnen und auf solche Vorschläge eingehen werde, statt alles auf das ungewisse Spiel des Krieges zu setzen.[1]

---

1. In welch schwere Sorgen ihn die Nachricht von einer bevorstehenden Aktion Preussens versetzte, wie er eilte, mit

Wenn Napoleon die eben charakterisierten Anträge annahm, sollte sogleich ein Waffenstillstand geschlossen und ein Friedenskongress versammelt werden. Auch hier wieder der Gedanke, dass ein allgemeines Einverständnis der Mächte die festgesetzte Ordnung aufrecht erhalten müsse, wie es ähnlich in dem Aprilvertrage ausgesprochen war. (Art. VI.) Wenn aber Napoleon nicht annahm, dann versprach Preussen, mit 180000 Mann an dem Kriege teilzunehmen. Dafür bedang es sich, entsprechend den Beschlüssen vom 9. Oktober, aus: 1. englische Subsidien, 2. eine sichere Grenze durch Erwerbung oder Tausch.[1]

In dem ersten geheimen Artikel ist dann dargelegt, was unter dieser zweiten Bedingung zu verstehen ist. Die Erwerbung sollte Hannover sein, und Russland versprach seine guten Dienste, um die Sache ins Werk zu setzen. Nur wenn beide Bedingungen unzweifelhaft gewährt würden, verpflichtete sich Preussen, nicht einseitig die Waffen niederzulegen, sonst sollte es nur sechs Monate vorher ankündigen, wenn es sich mit dem Feinde verständigen wolle. Der zweite geheime Artikel enthält noch eine Ausführung über die ionischen Inseln. Der Kaiser von Russland erklärt sich bereit, seine Truppen zurückzuziehen, wenn Frankreich eine conditio sine qua non daraus mache, doch müsse die Unabhängigkeit der Inseln wirksam gesichert werden. Er hofft sogar, dass Napoleon einwilligen werde, dass 1500 Mann dort bleiben, um die Ordnung zu erhalten, bis der Zustand

---

Oesterreich einen Separatfrieden zu schliessen, sehen wir aus seinem späteren Verhalten in Mähren (Ende November, Anfang Dezember). Aber gerade hier zeigt sich, dass er sich von Preussen keine Bedingungen vorschreiben lassen wollte. Er teilte auch hier wieder die Gegner und entzog der Mediation Preussens die notwendige Voraussetzung, ein festes Zusammenhalten und völlige Uebereinstimmung der drei Mächte. (Duncker, 257 ff.)

1. Vergl. oben S. 62 f.

des Landes einigermassen haltbar geworden. Dem preussischen Unterhändler soll empfohlen werden, mit aller Kraft für diesen Zweck zu arbeiten; die Bestimmung der preussischen Vermittlungsvorschläge wird dadurch aber nicht aufgehoben.

Der Vertrag bedeutet einen Sieg der preussischen Diplomatie über die russische.

Die Anträge Russlands hatten anfangs auf einfachen Beitritt zur Koalition, wenigstens auf Demonstrationen Preussens zu Oesterreichs gunsten gelautet.[1] Aber der Zar gab endlich den preussischen Entwürfen nach. Wir lernen sie aus zwei Aufsätzen Lombards vom 24. Oktober kennen, welche die Beschlüsse der vorhergegangenen Konferenzen der preussischen Staatsmänner zusammenfassen. Die Artikel des Vertrages beruhen auf ihnen, nur die Forderung der Garantie der Pforte und der geheime Artikel über die Räumung Corfus sind Zusätze, die sicherlich auf russische Rechnung zu setzen sind. Im einzelnen lässt sich nicht alles verfolgen, da die Lombard'schen Aufsätze zu kurz gefasst sind und Protokolle bei den Verhandlungen nicht geführt wurden. Doch muss man alle oben angegebenen Abweichungen von den Friedensbedingungen des 11. April in erster Linie den preussischen Unterhändlern zuschieben, so sehr auch die Verbündeten infolge der Niederlagen zu Ermässigungen bereit sein mochten.

Das Hauptverdienst um das Zustandekommen des Vertrages gebührt auf preussischer Seite Hardenberg. Metternich, der bei den Verhandlungen zugegen war, beklagte sich über Haugwitz und Lombard.[2] Hardenberg musste einige Tage das Bett hüten: da habe Haugwitz nie verfehlt, die Verbesserungen und Zusätze, über die man des Abends übereingekommen, am anderen Morgen in einem Sinne redigiert

---

1. Denkw. II, 314. Bericht Metternichs vom 4. November. Nachgel. Pap. I, 2, 74 f.
2. Bericht vom 4. Nov.

vorzulegen, der dem der russisch-österreichischen Unterhändler zuwiderlief, oder habe sie ganz ausgelassen. Metternich versichert, öfter die Hand Lombards erkannt zu haben, dem er einen schlechten Einfluss zuschreibt. Hardenberg berichtet,[1] dass Lombard ein Vertragsprojekt nach den angenommenen preussischen Grundlagen entworfen habe, welches deren Sinn äusserst geschwächt habe und ihnen zum Teil ganz entgegen gewesen sei: die nötigen Veränderungen seien auf seine Erinnerung gemacht. In einem späteren Berichte[2] schreibt Metternich Hardenberg allein das Verdienst zu, dass die Sache zu einem guten Ausgange gekommen. Wenn wir uns nun daran erinnern, dass die Idee der bewaffneten Vermittlung, ihre Tendenz und die Bedingungen, wie sie der Vertrag im einzelnen bestimmte, die Ausführung der Beschlüsse vom 7. und 9. Oktober darstellen, an denen Hardenberg so vielen Anteil hatte: so werden wir nicht zweifeln, dass der Vertrag Hardenbergs Sinne durchaus entsprochen hat. Leider liegen gerade aus dieser Zeit keine weiteren Aeusserungen von ihm vor, so dass wir auf solche Schlüsse angewiesen sind. Es ist zu beklagen, dass man auch nicht ersehen kann, welche Korrekturen Haugwitz vornahm und welches die nötigen Aenderungen sind, die auf Hardenbergs Erinnerung an dem Lombard'schen Entwurfe gemacht wurden.

Man könnte Hardenberg als den eigentlichen Urheber des Potsdamer Vertrages ansehen, denn der Partei der Haugwitz und Lombard war selbst dieser nur bedingte Beitritt zur Koalition schon zu viel. Sie suchten sich offenbar aus der unangenehmen Sache möglichst herauszuwinden, und der König ist, wenn nicht alles trügt, nachdem die Aufwallung gegen Frankreich einer ruhigen Erwägung Platz gemacht

---

1. Denkw. II, 317.
2. 6. Nov. Nachgel. Pap. 1, 2, 81.

hatte, nur widerstrebend so weit gegangen;[1] einzig die Hoffnung, den Frieden doch noch erhalten zu können, mochte ihn beruhigen.

Auch nach dem Vertrage blieb Hardenberg zunächst der einmal eingeschlagenen Richtung getreu. Es ist wohl nicht zu verkennen, dass die ermunternde, Hardenberg besonders auszeichnende Haltung der Russen auf ihn Eindruck gemacht hat. Hardenberg konferierte damals auch mit Stein, der über die Notwendigkeit einer entschlossenen, geraden Politik eine eigene Denkschrift ausarbeiten liess.[2]

Hardenberg erhob gegen die verzögerte Abreise des Grafen Haugwitz keinen Widerspruch: militärische Gründe, wie sie der Herzog von Braunschweig entwickelte, mochten die Verspätung rechtfertigen, die doch gegen den Wortlaut des Vertrages war. Allein gegenüber Frankreich benahm sich Hardenberg völlig korrekt; er vermied jeden Bruch, aber er verhielt sich zurückhaltend, er verwies Laforest an die Unterhandlung, die Haugwitz führen solle.[3] Vor allem drang er auf Beschleunigung der militärischen Vorbereitungen, er verhehlte nicht, dass er nur sehr wenig Hoffnung auf das Gelingen der Unterhandlung setze.[4] Nur eine drohende Stellung konnte in der That den preussischen Vorschlägen Nachdruck geben.

Noch am 9. Dezember, nachdem schon die ersten Nachrichten von Austerlitz eingetroffen, hielt Hardenberg in einem Berichte an den König[5] unbedingt am Potsdamer Vertrage fest. Die Unterhandlungen Oesterreichs, von denen Haugwitz gemeldet,

---

1. S. die bezeichnende Aeusserung an Hoym. Ranke, S. W. 47, 189.
2. Denkw. II, 300. Pertz, Das Leben Steins I, 309 ff.
3. Bericht Laforests vom 3. Dez. Lefébvre II, 219.
4. Hardenberg an den Herzog von Braunschweig. 13. Nov. Bailleu II, 404. Dem widerspricht nicht, dass er eine Unterhandlung doch für wünschenswert hielt.
5. Bailleu II, 415. Auch Wertheimer I, 363.

könnten die preussischen Verbindlichkeiten nicht verändern, da sie durch den Vertrag keineswegs ausgeschlossen würden. Er glaubt nicht, dass sich Oesterreich von Russland und Preussen trennen könne, wenn Napoleon ihm auch goldene Brücken baue. Er erinnert daran, dass der im Vertrage vorgeschriebene Termin für die Dauer der Unterhandlung am 11. Dezember ablaufe. Habe diese bis dahin nicht zu einem Erfolge geführt, so sei Preussen verpflichtet, seine Armee gegen Frankreich marschieren zu lassen.

In der Konferenz vom selben Tage wurde beschlossen, dass man dem Potsdamer Vertrage treu bleiben wolle. Haugwitz hatte berichtet[1], Napoleon fordere Sicherstellung Hollands vor einem Angriffe aus Norddeutschland und Erleichterung der Verpflegung Hamelns. Diese Forderungen wurden abgelehnt. Der Oberst von Massenbach, der in der Konferenz für ein Bündnis mit Frankreich eintrat, wurde von Hardenberg lebhaft bekämpft.[2] Mit Metternich verabredete Hardenberg, dass dieser am 12. Dezember eine Note übergeben solle, die an den Ablauf der vierwöchentlichen Unterhandlungsfrist erinnern und den Beginn der Operationen verlangen werde.[3]

Inzwischen trafen weitere Nachrichten über die Schlacht bei Austerlitz ein. Ferner erfuhr man in Berlin, dass ein Waffenstillstand zwischen Frankreich und Oesterreich geschlossen und die Friedensverhandlungen eröffnet seien, ohne dass Haugwitz daran teilgenommen.[4] Hardenberg verschob einen definitiven Entschluss. Die Truppen sollten vorerst ruhig nach Böhmen weitermarschieren, denn es schien ihm gefährlich, von den Sicherheitsmassregeln etwas nachzulassen. Aber immer noch hoffte er, dass es mit Napoleon nicht zu einem Kriege kommen werde, der keinen

---

1. 2. Dez. Denkw. V, 194.
2. Denkw. II, 357 ff.
3. Bericht Metternichs, Oncken II, 586.
4. Bailleu II, 419. Duncker 168. Oncken II, 586.

eigentlichen Zweck habe, so wenig wie er es für möglich hielt, dass die beiden Kaiserhöfe Preussen allein lassen würden.¹

In diesem Augenblicke aber trat ein Umschwung ein. Schon am 13. Dezember berichtet Laforest², dass Hardenberg ihn freundlicher behandle. Einen üblen Eindruck machte dann, dass der österreichische General Stutterheim in Berlin die Möglichkeit einer Allianz Oesterreichs mit Frankreich durchblicken liess, wenn Preussen mit seiner Hülfe zögere. Der Zar hatte dem Könige geraten, sich mit Frankreich zu verständigen.³ Man betrachtete sich demnach von jeder aus dem Potsdamer Vertrage herfliessenden Verpflichtung gegen Oesterreich wie Russland befreit.

Preussen trat von dem Potsdamer Vertrage zurück, die Verbindung mit Russland ward aber nicht aufgegeben. Hardenberg erklärte an Alopeus, der König werde nie von den Verpflichtungen abgehen, die ihm die Allianz (von 1800) und das innigste Einverständnis mit Russland auferlege, aber der Potsdamer Vertrag sei jetzt nicht anwendbar, er müsse zum wenigsten grosse Modifikationen erfahren.⁴ An der Vermittlung zwischen Frankreich und Russland hielt Preussen fest; eine Vermittlung zwischen Frankreich und Oesterreich wurde davon abhängig gemacht, ob die Umstände sie erlauben würden. Man überliess sozusagen Napoleon die Entscheidung⁵; d. h. man gab sie preis, man beschränkte sich darauf, an Napoleons Grossmut und Mässigung zu appellieren. Vor allem suchte Preussen die Ruhe Norddeutschlands zu sichern. Die beiden oben⁶ erwähnten französischen Forderungen wurden jetzt angenommen

---

1. Hardenberg an den König. 11. Dez. Bailleu II, 419.
2. Bailleu II, 419.
3. Brief Alexanders vom 6. Dez. Hist. Zt. 70, 83 f.
4. Bericht von Alopeus, 21. Dez. Denkw. II, 380.
5. Note verbale an Laforest. 19. Dez. Das. 371.
6. S. 77.

gegen die Verpflichtung, dass kein französisches Truppenkorps den Norden Deutschlands betrete.[1] Ueber das Schicksal Hannovers sollte eine neue Unterhandlung mit Frankreich entscheiden: Preussen wünschte das Land durch seine Truppen zu besetzen.[2] Mit dem englischen Gesandten Harrowby wurden Verhandlungen angeknüpft, um die englischen Truppen in Hannover von feindseligen Bewegungen abzuhalten und sich zugleich ihrer Beihülfe im Falle eines französischen Angriffs zu versichern.[3] Die russischen Truppen in Deutschland hatte Alexander dem Könige zur Verfügung gestellt.

Alle diese Massregeln müssen Hardenbergs Zustimmung gehabt haben. Denn nicht nur, dass er an ihrer Ausführung den vornehmsten Anteil hatte und die Sorge für Norddeutschland seiner ganzen Art entsprach, es ist auch noch ein Brief aus jener Zeit an Lucchesini übrig, der einen Blick in seine Stimmung thun lässt.[4] Da heisst es: „Noch sind wir weit von der Lösung (denouement) der Krisis entfernt. Wie viel Wendungen während dieser Zeit." Er beklagt die halben Massregeln, erst gegen Frankreich, dann gegenüber der anderen Seite, er versichert, dass sie nicht sein Werk seien. Er verdammt also die vergangene Politik, die Preussen in die jetzige Lage versetzt, ohne zu bedenken, welchen Anteil er selbst daran gehabt. Auch gegen Frankreich erhebt er Anklage; es habe Preussen gezwungen, das System der Neutralität zu verletzen, das für Frankreich fast den Wert einer Allianz gehabt habe. Ueber die jüngste Abwandlung der preussischen Politik schweigt er. Es darf das dem ganzen Zusammenhange nach als Zustimmung gefasst werden: es war seine eigene Politik. Er war bemüht, Preussen auf möglichst vorteil-

---
1. Friedrich Wilhelm an Napoleon. 19. Dez. Denkw. II, 372.
2. Denkw. II, 371 f. V, 219.
3. Mitteilung an Harrowby. 22. Dez. Denkw. II, 380.
4. 22. Dez. Bailleu II, 428.

hafte, ungefährliche und doch nicht unehrenhafte Weise aus den Verlegenheiten zu ziehen, in die es durch eigene und fremde Fehler geraten war.

Dem Rücktritte von dem Potsdamer Vertrage wird bei Hardenberg folgende Erwägung zu Grunde gelegen haben.

Die bewaffnete Vermittlung Preussens beruhte auf dem Zusammenwirken der drei Mächte; die drohende Vereinigung ihrer Streitkräfte sollte Napoleon vermögen, sich ihren Gesichtspunkten zu fügen. Jetzt war die Koalition zersprengt. Sollte Preussen allein jene Aufgabe übernehmen? Das hätte sicherlich Krieg bedeutet, den man doch möglichst hatte vermeiden wollen, und um welchen Preis? Hannover stand jetzt nicht mehr in sicherer Aussicht, man musste es sich erst von Frankreich erkämpfen. Da hätte man ja besser gethan, gleich nach der Verletzung der Neutralität zum Kriege zu schreiten. Vielleicht konnte man durch Unterhandlung auf anderer Basis noch etwas von den Zielen, die man sich am 3. November gesetzt, erreichen.

Es zeigte sich schon hier und in der Folge noch mehr, wie fehlerhaft eben jene Politik war, die zum Potsdamer Vertrage führte, und wie unvollkommen auch jetzt noch Hardenberg begriff, dass keine Zeit sei, Nachteil und Gewinn mit kalter Berechnung gegen einander abzuwägen, dass vielmehr die ganze Existenz Preussens als unabhängiger Staat auf dem Spiele stehe, dass es jetzt wenigstens bestimmt Partei ergreifen müsse. Und nicht so ganz ungünstig waren die Aussichten für Preussen. Alexander stellte seine Truppen dem Könige zur Verfügung. Allerdings standen die Korps zerstreut; was man schnell in Thüringen vereinigen konnte, betrug nicht viel über 100000 Mann.[1] Dafür waren Napoleons Truppen durch die Strapazen

---

1. Ueber die Verteilung der preussischen Truppen s. Kriegsgeschichtl. Einzelschriften 1. Heft, S. 46.

des Feldzuges mitgenommen, durch Märsche und Verluste geschwächt. Das Bewusstsein des Sieges, das Vertrauen auf den unbesiegbaren Führer und dessen Genialität machten diesen Fehler freilich zum Teil wieder wett. Alles in allem genommen standen die Chancen jetzt sehr viel günstiger als im Jahre 1806. Damit ist nichts Neues gesagt, aber es muss doch erwähnt werden, um die Entschliessungen der preussischen Staatsmänner in dieser Zeit allseitig zu würdigen.

Also ungefähr zu derselben Zeit, wo Haugwitz den Schönbrunner Vertrag schloss, in dem sich Preussen Frankreich in die Arme warf, hatte man sich in Berlin bereits von der Koalition losgesagt, der man von vornherein nur bedingungsweise beigetreten war, und hatte eine einseitige, friedliche Verständigung mit Frankreich in Aussicht genommen. Man hatte denselben Weg eingeschlagen, auf dem Haugwitz so leichtsinnig vorangeschritten war. Ohne diese vorbereitende Wandlung der politischen Gesinnungen in Berlin wäre die Aufnahme, die Haugwitz daselbst bei seiner Rückkehr fand, kaum zu verstehen.

Haugwitz brachte aus Wien einen Vertrag mit, der gegen Abtretung von Ansbach, Cleve und Neuchâtel Hannover an Preussen als souveränes Besitztum übertrug. Preussen erkannte die österreichischen Abtretungen und die Neugestaltungen in Deutschland an und garantierte in dem weitesten Umfange die französischen Interessen in der Türkei, in Italien und Süddeutschland. Es ging infolgedessen mit Frankreich eine Offensiv- und Defensivallianz ein. Durch diesen Vertrag sollte Preussen ganz an Frankreich gefesselt und in den Gegensatz gegen das übrige Europa hineingezogen werden.

Das war nun freilich nicht der Wunsch der preussischen Staatsmänner. Darum wollte auch keiner den Vertrag, wie er war, ohne weiteres hinnehmen, nicht einmal der Ueberbringer, Haugwitz, selbst, aber keiner hatte den Mut, den Vertrag gänzlich zu verwerfen. Es liegen darüber Denkschriften von Haugwitz, Schulenburg, dem Herzoge von Braunschweig vor.[1] Alle drei sind einig, dass die einfache Ablehnung Krieg mit Frankreich bedeute, sie schlagen verschiedene Modifikationen vor, die den Zweck haben, Preussen vor einem Bruche mit England und besonders Russland zu bewahren, aber den eigentlichen Sinn des Vertrages ganz verkehren. Nur Beyme war der Ansicht, man solle den Vertrag ohne Modifikation ratifizieren.[2]

Von Hardenberg sind uns zwei Denkschriften über den Schönbrunner Vertrag erhalten. Die erste ist vom 30. Dezember 1805.[3] Von den Gründen, die für die Annahme des Vertrages sprechen, erkennt er eigentlich nur einen an: die Notwendigkeit der Erwerbung Hannovers, die man nur im Bunde mit Frankreich bewerkstelligen könne. Den Vertrag, wie er vorliegt, verwirft er; die Bedingungen seien sehr viel ungünstiger als die, unter denen er im September mit Duroc hätte abschliessen können. Man würde sich vor Napoleons Triumphwagen spannen und zu einer Rolle verdammt sein, wie sie Württemberg und Baden spielten. Auf Oesterreich und England brauche man zwar keine Rücksicht zu nehmen, aber der Vertrag verstosse gegen die Allianz mit Russland (von 1800), und ein solches Abkommen habe Alexander sicherlich nicht im Sinne gehabt, als er dem Könige eine Verständigung mit Frankreich anheimgestellt habe.

Wenn der Haugwitz'sche Vertrag also unannehmbar war, so blieb Hardenberg wohl der in den letzten beiden Wochen eingeschlagenen Richtung getreu, die auf Neutralität und Besetzung Hannovers ging? Wirklich bezeichnet er diese Möglichkeit als die wünschenswerteste, aber er bleibt nicht dabei stehen. Es ist der Denkschrift Hardenbergs wie so mancher aus dieser Zeit eigentümlich, dass sie sich be-

---

1. Denkw. V, 220—271.
2. Denkw. II, 394.
3. Denkw. V, 248.

gnügt, das Für und Wider der denkbaren Möglichkeiten zu erörtern, die Entscheidung aber ganz dem Könige zu überlassen. Doch kann man wohl erkennen, wohin Hardenberg neigt. Er gab jetzt die Mitte Dezember gefassten Beschlüsse[1] auf. Er führt aus, Haugwitz versichere, Napoleon werde zu keinem Abkommen in diesem Sinne zu bringen sein. Man müsse entschlossen sein, die Neutralität mit gewappneter Hand aufrecht zu erhalten, ohne jedoch auf entsprechende Vergrösserungen und wirksame fremde Unterstützung zählen zu können. — Diese Aussicht konnte den König nicht verlocken.

Es blieb also nichts anderes übrig, scheint es, als dem Vertrage von Schönbrunn die Ratifikation zu versagen und sich im Bunde mit den anderen Mächten zum Kriege gegen Frankreich zu rüsten. Aber Hardenberg weist diese Möglichkeit ausdrücklich zurück. Unter den gegenwärtigen Verhältnissen und nach den bisherigen Erfahrungen biete sie wenig Aussicht auf Erfolg. So kommt er auf den Bund mit Frankreich zurück, aber unter ganz anderen Bedingungen als denen vom 15. Dezember. Man muss Napoleons Pläne im Süden, gegen Oesterreich und in Bezug auf die Freiheit der Meere begünstigen, aber dafür verlangen, dass sich Preussen in Norddeutschland vergrössere, um so stark genug zu werden, den beiden Kolossen, die es einengen, wirksam widerstehen zu können.

Hardenberg ist damit einverstanden, dass Preussen durch Abtretung von Cleve und Neuchâtel jede Berührung mit Frankreich vermeide. Aber er widerspricht lebhaft der Abtretung von Ansbach. Nur den südlichen Teil will er an Bayern geben, im übrigen durch Erwerbung von Bamberg, dem rechtsmainischen Würzburg und Nürnberg die Stellung Preussens in Franken zu einer herrschenden machen: sein alter Gedanke. Bayern soll dann durch Abtretungen Preussens

---
1. Oben S. 78 f.

in Westfalen entschädigt werden, Cleve soll an Braunschweig fallen, Frankfurt an Hessen. Die drei Hansastädte sollen unter die preussische Herrschaft kommen. Selbstverständlich ist die Erwerbung Hannovers. Die Reichsverfassung soll unter französischer und preussischer Vermittlung umgestaltet werden. Hardenberg wollte ganz Norddeutschland bis zum Main dem entscheidenden Einflusse Preussens unterwerfen. Im Falle eines Krieges mit Oesterreich denkt er einen Teil von Böhmen, den Rest von Oberschlesien und die Weichsellinie in Polen als Preis davon zu tragen.

Erstaunt fragt man sich, wie konnte Hardenberg nur glauben, dass Napoleon solche Zugeständnisse machen werde? Er selbst giebt die Antwort: „Die Streitkräfte Sr. Maj. sind bereit zu handeln, der Krieg ist nichts weniger als populär in Frankreich, und vorausgesetzt, dass man sich beeilt zu sagen: 'Ich nehme die Allianz an, ich unterstütze aufrichtig und mit Energie Ihre Wünsche, aber ich bedarf noch anderer Bedingungen,' ist es unmöglich zu glauben, dass Napoleon die Unterhandlung nicht fortsetzt." Er will Napoleon durch offene Begünstigung seiner Pläne locken; es liege in seinem Interesse, sich mit Preussen zu verständigen und seinen politischen Einfluss mit ihm zu teilen. Ausserdem schlägt er noch einzelne Verbesserungen vor, die bestimmt sind, Preussen vor der Teilnahme an dem gegenwärtigen Kriege und allen überseeischen Unternehmungen zu bewahren. Frankreich soll sich mit der Mühe beladen, die Abtretung Hannovers an Preussen zu bewirken. Der Vertrag soll nur defensiv sein, und um ihn für Russland und England etwas schmackhafter zu machen, soll dann noch die Unabhängigkeit von Holland und der Schweiz zugesichert werden. Zum Schlusse giebt Hardenberg Mittel an, um einen Konflikt mit Russland zu vermeiden. Er geht so weit, dass er für möglich hält, man werde Russland ausdrücklich von den Verpflichtungen, die man gegen Napoleon übernommen, ausschliessen können.

In der zweiten Denkschrift vom 1. Januar 1806 fasst Hardenberg seine Vorschläge genauer. Indem er nochmals die Entscheidung dem Könige überlässt, betont er wieder, dass man sich, wenn überhaupt, ganz an Frankreich anschliessen, dafür aber unablässig in Norddeutschland verstärken müsse, mit halben Massregeln sei hier nichts gethan. Scharf und treffend werden noch einmal alle Gründe dargelegt, die gegen eine einfache Annahme des Schönbrunner Vertrages sprechen. Haugwitz hatte eine bedingte Ratifikation vorgeschlagen und zu diesem Zwecke ein sogenanntes Mémoire explicatif entworfen. Hardenberg zweifelt an dem Erfolg dieser Massregel, das Mémoire genüge jedenfalls nicht. Er schlägt einen offenen und einen geheimen Vertrag vor, dessen Entwurf beiliegt. Der offene Vertrag bestimmt, dass Preussen Hannover bis zum Frieden besetzen und verwalten werde. Die Neutralität Norddeutschlands wird in einem ähnlichen Umfange wie 1796 hergestellt, beide Teile verpflichten sich, sie gewissenhaft zu beobachten, und versprechen sich gegenseitige Hülfe, wenn einer derselben über diesen Vertrag angegriffen würde. Der geheime Vertrag giebt die Ideen der ersten Denkschrift in Vertragsform, doch im einzelnen modifiziert. Der Widerspruch gegen die Abtretung Ansbachs fällt hier fort, dafür unterbleibt dann auch die Entschädigung Bayerns in Westfalen. Das Bündnis soll erst Gültigkeit gewinnen, nachdem der Friede den gegenwärtigen Krieg beendet, aber — und das fällt am meisten auf — es soll nun doch ein Offensiv- und Defensiv-Bündnis sein, und dabei ist nirgend auch nur angedeutet, dass Russland von den preussischen Verpflichtungen ausgenommen sei. Dem Vertragsentwurfe liegt der Schönbrunner Vertrag zu Grunde. Ganze Partieen sind unverändert herübergenommen, nur das Notwendige ist geändert. Manches, was Hardenberg in der ersten Denkschrift gewünscht hatte, ist fortgelassen, Cleve wird nicht mehr für den Herzog von Braunschweig gefordert, von der

Unabhängigkeit Hollands und der Schweiz, von Vergrösserungsplänen im Falle eines Krieges mit Oesterreich ist nicht mehr die Rede. Wie konnte aber Hardenberg ein Offensivbündnis schliessen, das, auch wenn allgemeiner Friede war, dem Bündnis mit Russland von 1800 zuwiderlief? In dem nachher ratifizierten Vertrage ist in dem preussischen Exemplare das Wort „offensive" fortgelassen; wollte es Hardenberg auch so machen? Möglicher Weise hat er die Ausarbeitung der Vertragsentwürfe seinem Sekretär übertragen, der dann aus Versehen jenen Passus, in dem das Wort „offensive" stand, unverändert herüber nahm. Ganz unwahrscheinlich ist das nicht. Der Entwurf ist später nicht gebraucht, der Fehler stehen geblieben. Jedenfalls muss man hier vorsichtig verfahren. Hardenbergs Aufmerksamkeit muss aber doch mehr auf andere Dinge gerichtet gewesen sein, sonst hätte das Versehen nicht passieren können. Auch in der ersten Denkschrift berührt er diesen Punkt nur flüchtig.[1]

Bemerkenswert ist noch, dass Hardenberg behauptet, er könne nicht denken, dass Napoleon die vorgeschlagene Modifikationen nicht einmal anhören wolle. Thue er es nicht, so beweise das allerdings, dass er Preussen nicht zum Verbündeten haben, dass er es beherrschen wolle, dass der Wiener (Schönbrunner) Vertrag nur ein Gesetz sei, das er Preussen auferlege, nicht das Resultat des freien und unabhängigen Willens beider Vertragsmächte. Hardenberg deutet zwar nicht an, dass dann nichts übrig bleibe als der Krieg für die Ehre und Unabhängigkeit der Monarchie, aber das erschien wohl selbstverständlich, und man darf nicht zweifeln, dass Hardenberg anders gedacht habe.

Die beiden Denkschriften sprechen für sich selbst. Sie würden einen unbegreiflichen Rückschlag darstellen, wenn man Hardenberg im November 1805 als den überzeugten Anhänger der Koalition betrachtet. Davon kann indessen in Wahrheit nicht

---

1. Denkw. V, 254. Nicht „nachdrücklich" wie Noack (Giessener Studien II, 42) behauptet.

die Rede sein, die Hoffnung sich durchzuwinden hat er in keinem Falle ganz aufgegeben. Sowie die Umstände sich ändern, lenkt er in die verlassenen Bahnen der Neutralität mit Friedensvermittlung und Verhandlung über Hannover zurück, und als er hier den Weg versperrt findet, sucht er dasselbe Ziel — die Alleinherrschaft Preussens in Norddeutschland — auf einem Umwege zu erreichen, der zwar an Klippen und Abgründen vorbeiführt, aber auch die Möglichkeit bietet, im Vorbeigehen reichen Gewinn aufzulesen. Und doch ist hier ein Fortschritt unverkennbar.

Zum ersten Male stellt Hardenberg wenigstens theoretisch den Grundsatz auf, dass man sich, wenn überhaupt, mit aller Energie an Frankreich anschliessen oder es mit den anderen Mächten zusammen bekämpfen müsse. Er ist glücklich in der Kritik des Schönbrunner Vertrages und vor allem: er ist doch endlich dahin gekommen einzusehen, dass es sich jetzt um einen letzten Versuch handele, mit Frankreich in Frieden auszukommen.

Auch hier hat ihn aber wieder die Vergrösserungslust und die Abneigung gegen einen Krieg, der keinen sicheren Gewinn versprach, geblendet. Das zeigt der Schluss der zweiten Denkschrift mit aller Deutlichkeit. Es regten sich doch wohl Zweifel in ihm, ob man auf dem von ihm vorgeschlagenen Wege zum Ziele kommen werde. Aber anstatt entschlossen vorwärts zu gehen und die Entscheidung zu suchen, gab er kleinmütig alles preis, wofür er sich soeben noch warm ereifert, um nur ja die so vorteilhafte Verbindung mit Frankreich nicht aufs Spiel setzen zu müssen. Er hat schliesslich nichts dagegen, wenn man es für besser halte, den Vertrag vom 15. Dezember mit einem Mémoire explicatif zu zeichnen, vorausgesetzt, dass es alle notwendigen Modifikationen in bestimmter und jeden Zweifel ausschliessender Weise enthalte; die Entscheidung schiebt er Haugwitz zu.

Bekanntlich wurde der letzte Weg gewählt, der Vertrag mit einem Mémoire explicatif ratifiziert, das aber Hardenbergs Gesichtspunkte nur zum Teil enthält.[1] Diese wurden nun für eine ganz neue Verhandlung aufgespart.

---

1. Noack a. a. O. S. 42 behauptet eine „unverkennbare Uebereinstimmung der zu Grunde liegenden Anschauungen." Das ist doch nicht so völlig gegründet. Hardenberg redet deutlich von einer Verwahrung Hannovers „en dépôt", erst nach dem Frieden mit England soll es in den Besitz Preussens übergehen. In dem Mém. expl. ist das Verhältnis undeutlich. Preussen soll Hannover sogleich in Besitz nehmen (prendra possession). Davon wird das volle Eigentumsrecht (propriété) getrennt, das erst mit dem Frieden erworben werden soll. Juristisch mag eine solche Scheidung gerechtfertigt sein, aber welchen praktischen Erfolg wollte man sich davon versprechen? Wen wollte man damit täuschen? Man hätte doch alsbald Farbe bekennen müssen. Nach Hardenberg sollte die Allianz erst nach dem Friedensschluss eintreten. Davon war jetzt ganz abgesehen. Die Garantieen sollen freilich erst verpflichtend sein du moment où la paix avec l'Autriche aura sanctionné les cessions de cette cour et celle avec l'Angleterre l'acquisition du pays de Hanovre par la France. Soll das heissen, dass die Garantie der österreichischen Abtretungen schon nach dem Frieden mit Oesterreich, die Hannovers aber erst nach dem (voraussichtlich später erfolgenden) Frieden mit England beginnen soll, oder soll die Geltung der Garantieen von beiden Friedensschlüssen abhängig gemacht werden? Das letztere hätte wohl einfacher ausgedrückt werden können. Eine Gleichheit der Tendenz ist ja bis dahin nicht zu verkennen, aber von dem, was Hardenberg über Begünstigung Frankreichs im Süden und Vergrösserung Preussens ausgeführt hatte, ist in dem Mém. expl. eher das Gegenteil enthalten. Von weiteren Erwerbungen Preussens ist nicht die Rede, dagegen sucht das Mém. expl. ängstlich jeden weiteren Fortschritt Frankreichs in Italien zu bindern (Art. I, a. VII). Nicht so sehr die Bestimmungen des Mém. expl. an sich möchte ich Hardenberg zum Vorwurf machen, als dass er dies Verfahren der bedingten Ratifikation überhaupt

Hardenberg setzte zu dem Ende eine neue Denkschrift auf,[1] die Haugwitz als Instruktion mitnehmen sollte. Er kommt wieder auf die Absicht zurück, bis zum Frieden einen Neutralitätsvertrag, ähnlich dem am 1. Januar vorgeschlagenen, zu schliessen, und bezeichnet dann im einzelnen Preussens Wünsche für eine künftige Umgestaltung Deutschlands. Sie enthalten eine Weiterbildung jener in den beiden erwähnten Denkschriften entwickelten Absichten.

Leider liess sich Preussen in Sicherheit wiegen und beschloss am 24. Januar die Demobilmachung der Armee. Hardenberg war in der entscheidenden Konferenz wegen Krankheit nicht zugegen. Er mochte nicht ganz zufrieden mit der Massregel sein, aber er that doch nachher nichts,

---

zugelassen hat und dennoch hoffte, durch eine neue Unterhandlung seine Pläne erreichen zu können.

Noack sucht ferner wahrscheinlich zu machen, dass das Denkw. II, 392—394 gedruckte Mémoire explicatif gar nicht das von Haugwitz herstammende ursprüngliche sei, sondern vielmehr nach den Hardenberg'schen Ansichten neu aufgesetzt. (S. 39.) Seine Gründe sind aber nicht stichhaltig. Was Schulenburg in seiner Denkschrift (Denkw. V, 256 f.), was Hardenberg (V, 265) (darauf geht Noack gar nicht ein) über das Ungenügende und den Mangel an Genauigkeit des Haugwitz'schen Mémoire sagen, trifft auf das vorliegende recht wohl zu. Durch eine gütige Mitteilung des Geh. Staats-Archivs in Berlin, für die ich hier meinen ergebensten Dank ausspreche, bin ich in den Stand gesetzt, diese Frage endgültig zu entscheiden. Darnach ist das von Hardenberg in seinen Denkwürdigkeiten (II, 392—94) veröffentlichte Mémoire explicatif zweifellos identisch mit dem in dem Berichte von Haugwitz (V, 236) und in der Denkschrift Hardenbergs (V, 265) erwähnten Mémoire. Das Konzept ist von dem jüngeren P. Lombard geschrieben, von dem Kabinetsrat L. verbessert. Hardenbergs bestimmte Angabe (II, 389 u. 397) ist damit als völlig richtig erwiesen.

1. 11. Janur. Denkw. II, 417—430.

um sie rückgängig zu machen, er traute selbst den Versicherungen Laforests.[1]

Erst der Pariser Vertrag öffnete allen die Augen.

Das Ergebnis unserer Untersuchung ist also, dass Hardenberg bis zum März 1806 niemals auch nur einen ernstlichen Versuch gemacht hat, den König von der Unhaltbarkeit des Neutralitätssystemes zu überzeugen und für eine entschiedene Parteinahme in dem grossen Weltkampfe zu gewinnen. Vielmehr hat Hardenberg den König wiederholt direkt und indirekt und vor allem in der kritischen Zeit des September 1805 in seiner Ansicht bestärkt und, was noch schwerer wiegt, sogar in dem Augenblicke, wo der König zum Kriege mit Frankreich entschlossen war, ihn davon zurückgebracht. (Oktober 1805.)

Es ist hier noch einem Einwande zu begegnen. Man könnte sagen, Hardenberg habe jeden Versuch, den König zu bekehren, von vornherein als aussichtslos aufgegeben[2] und es vielmehr für seine Pflicht gehalten, das System des Königs zu befolgen, seine eigene Ansicht aber zurücktreten zu lassen. Darnach wäre er aber doch nur verpflichtet gewesen, dem Könige nicht zu widerstreben. Wie will man nun Hardenbergs Verhalten im September und Oktober 1805 damit in Uebereinstimmung bringen? Niemand verlangte von ihm, dass er dem Könige die guten Aussichten des Neutralitätssystemes auseinandersetzte, und hätte nicht eben jene „Pflicht" gefordert, dass er dem Entschlusse des Königs nach der Unglücksbotschaft aus Ansbach nicht hindernd entgegentrat?

Wenn er aber auch als Minister die Pflicht hatte, den Willen des Monarchen zu befolgen, so konnte ihn doch

---

1. Vergl. Duncker, S. 178 f.
2. Vergl. Denkw. II, 54.

nichts von der anderen Pflicht entbinden, als angestellter Ratgeber seine Ansicht der Dinge, wie sie sich ihm aus gewissenhafter Prüfung der Verhältnisse ergab, ohne Menschenfurcht zu sagen. Man darf allerdings den modernen Begriff der Ministerverantwortlichkeit nicht in die Zeiten des absoluten Regiments übertragen. Eine grundsätzliche Meinungsverschiedenheit war noch kein Grund zu einem Entlassungsgesuch, ein Minister dieser Zeit ist also nicht ohne weiteres mit dem von ihm offiziell vertretenen System zu identifizieren. Aber wenn ein Minister mit so wenig Initiative wie der Graf Podewils es für seine Pflicht hielt, Friedrich dem Grossen im Jahre 1756 zweimal nachdrücklich von dem Kriege abzuraten[1], so wird diese Pflicht ja auch wohl für Hardenberg bestanden haben.

Hardenberg hat sich 1806 nicht gescheut, dem Könige zum Kriege zu raten[2], er ist 1807 energisch für den Widerstand gegen Frankreich eingetreten, ja selbst 1804 nach der Gefangennahme Rumbolds ist er unbedenklich weit über das Ziel hinausgegangen, das der König sich gesteckt hatte. Wenn er also in den zwei Jahren, wo er die auswärtigen Angelegenheiten leitete, nicht einmal seine Stimme gegen das geltende System erhob, so muss er wohl gar kein so entschiedener Gegner desselben gewesen sein, als er später behauptete, oder man müsste ihm eine an sich nicht glaubhafte und erst noch zu beweisende Charakterlosigkeit vorwerfen.

Ein Blick auf die Zeit vorher wird die Grundlosigkeit auch der letzten Annahme darthun.

---

1. Brief Podewils an den geh. Kriegsrat Eichel. 22. Juli 1756. Pol. Korr. Friedrichs d. Gr. 13, S. 104—107. Darin heisst es (S. 106): „Ich habe inzwischen die Consolation, dass ich zu zweien wiederholten Malen alles gesagt, was ein treuer und redlicher Diener zu thun schuldig."

2. M. Lehmann, Hist. Zeitschr. 89,107 f.

Hardenberg hatte schon im Jahre 1794 die Idee eines Friedens mit Frankreich gefasst.[1] In einem Gutachten vom 15. Januar 1795 spricht er sich dahin aus, dass Preussen des Friedens mit Frankreich bedürfe, nur verbiete die Ehre, eine Allianz mit ihm zu schliessen, auch müsse sich Preussen möglichst nicht mit den alten Verbündeten entzweien. Preussen wird neutral, und die Reichsstände, die sich ihm anschliessen, werden in die Neutralität aufgenommen.[2] Zum Schutz derselben forderte er bald darauf eine Demarkationslinie[3].

Wenn er auch damals die Unterhandlung mit England nicht abbrach, so ist doch kein Zweifel, dass er wirklich den Frieden mit Frankreich wünschte, er wollte sich nur einen Ausweg offen halten, um auf Frankreich einen Druck zu üben.[4]

Obwohl nun Hardenberg in Basel weder die Abtretung des linken Rheinufers vermeiden noch die preussische Friedensvermittlung für das ganze Reich durchsetzen konnte, verhandelte er ruhig weiter. Es war ihm genug, Preussens unmittelbares Interesse durch Zusicherung einer Entschädigung für die Verluste auf dem linken Rheinufer zu decken und die Friedensvermittlung für einzelne Reichsstände in die Hand zu bekommen. Als aber bald darauf die Franzosen die preussische Demarkationslinie verletzen, ist er nahe daran, die Unterhandlungen sofort abzubrechen.[5] Norddeutschland ist die Domäne Preussens, die keine fremde Macht betreten darf; ein weitergehendes allgemein deutsches Interesse hat

---

1. Brief an Haugwitz. 21. Juni 1794. Denkw. V, 45.
2. Ranke S. W. 46, 249.
3. 1. März. Ebenda 250.
4. 16. März. Denkw. V, 80.
5. Bericht vom 22. Nov. 1795. Bailleu I, 83. H. spricht sich mit aller Bitterkeit über die Franzosen aus, bittet um Verhaltungsmassregeln, bis zu deren Ankunft er sich dem Verkehr mit den französischen Unterhändlern entzieht.

er nicht, es sei denn, dass Preussens Einfluss dabei gewinnen könnte.

Wir finden also 1795 dieselben Grundgedanken wie zehn Jahre später, und an der Aufrichtigkeit seiner damaligen Aeusserungen hat noch niemand gezweifelt. Demnach hat Hardenberg 1805 nur seine ursprüngliche Politik fortgesetzt.

Die Uebereinstimmung geht aber noch weiter. Hardenberg wollte sich nach dem Frieden von Basel nicht auf ein unthätiges Zusehen beschränken: eine rein passive Rolle hindere Preussen, aus den Umständen Nutzen zu ziehen, ein gänzliches Uebergewicht Frankreichs dürfe man nicht eintreten lassen.[1] Aehnlich urteilte Hardenberg auch 1805. Ueberhaupt würde man sehr irren, wenn man die Ansichten Hardenbergs mit denen des Königs und seiner übrigen Ratgeber identifizieren wollte. Es ist wiederholt darauf hingewiesen, dass zwischen beiden Meinungsverschiedenheiten bestanden, die zwar nicht so weit gingen, dass sie eine Aenderung des Systemes betrafen, die aber doch von grundsätzlicher Bedeutung sind. Der König begehrte nichts weiter, als von den Händeln der übrigen grossen Mächte unberührt zu bleiben; er scheute selbst die Isolierung nicht, so lange Preussen nur nicht selbst angegriffen würde. Haugwitz erklärte die Politik für die Kunst, den Frieden so lange als möglich zu erhalten.[2] Er wie Lombard suchten das Heil immer in der Neutralität und Isolierung. Hardenberg hielt dagegen dies Isolierungssystem für schädlich und die Neutralität unter allen Umständen wahren zu wollen für unmöglich. Er wollte jetzt so wenig wie früher den unthätigen Zuschauer spielen, sondern arbeitete eifrig daran, die Bedin-

---

1. 29. Januar 1796. Häusser II, 46. Am 9. März versichert er Bischoffswerder (ostensible), dass man seine Ansicht nicht dahin missverstehen dürfe, als wolle er den König zum Anschluss an die Koalition drängen. Bailleu I, 56.

2. Bailleu. Dtsche Rundschau V, S. 272.

gungen einer möglichen Neutralität zu schaffen, und als solche sah er die Neutralität von ganz Norddeutschland und die Friedensvermittlung zwischen Frankreich und Russland an.

Dieser Gegensatz weist doch auf eine verschiedene Grundanschauung hin. Einmal hatte Hardenberg ein viel lebhafteres Gefühl für das, was die Ehre eines grossen Staates erfordert, als z. B. Lombard. Auch Haugwitz, der 1803 mannhaft für ein entschiedenes Vorgehen gegen Frankreich eingetreten war,[1] zeigte in der Rumboldschen Angelegenheit und vor allem bei seiner berüchtigten Sendung zu Napoleon eine beklagenswerte Schwäche. Der König hegte zwar ein lebhaftes Gefühl für seine Würde als Staatsoberhaupt, aber er brachte es seiner Friedensliebe zum Opfer.

Diese Friedensliebe sodann war durchaus nicht eine Grundeigenschaft Hardenbergs. Wenn er nicht zu kriegerischer Aktion drängte, ja sie noch nach dem Ansbacher Ereignis von dem Erfolg einer Unterhandlung abhängig machte, so lag bei ihm ein ganz anderer Grund vor. Irre ich nicht, so war Hardenberg vor allem von dem Bestreben beherrscht, den Staat so angesehen und mächtig wie möglich zu machen; wie er einmal sagt: „Ohne Macht ist keine Selbständigkeit und Independenz."[2] Wiederholt betonte er, wie wir gesehen, dass Preussen vor allem nach Vergrösserungen streben müsse. So wünschte er Hannover, die Hansestädte, ein möglichst grosses Stück von Franken zu erwerben, wofür er lieber nach Friedericianischem Vorbilde Gebiete in Westfalen preisgeben wollte. Es ist mir nun gar nicht zweifelhaft, dass Hardenberg unter einem Könige wie Friedrich dem Grossen bereitwillig einer kriegerischen Eroberungspolitik seine Unterstützung geliehen hätte, und hier ist aller-

---

1. Bailleu II, 174. Denkschrift vom 28. Juni. Vergl. Bailleu in der Einleitung, S. XXXVII f.

2. Denkschrift vom 12. Sept. 1807. Ranke, S. W. 48, 366.

dings ein Punkt, wo Hardenberg auf die Neigung Friedrich Wilhelms III. Rücksicht nahm und Rücksicht nehmen musste.[1] Dieser Herrscher sah den höchsten Ruhm seiner Regierung nicht in glänzenden Eroberungen, sondern in dem Wohlstand und dem friedlichen Glück seiner Unterthanen.

Somit blieb Hardenberg nichts anderes übrig als auf die günstige Gelegenheit zu lauern, wo man Erwerbungen machen könne.[2] Preussen hatte in den Jahren 1792, 1795 und 1803 auf diplomatischem Wege beträchtliche Gebiete gewonnen; es ist zu verstehen, wenn Hardenberg wie die übrigen preussischen Staatsmänner Aehnliches von der Zukunft hoffte. Jedenfalls wünschte er nicht, dass Preussen sich auf einen Krieg einlasse, der nicht eine „Abrundung", wie man damals sagte, in ziemlich sichere Aussicht stellte. Wenn aber einmal die Ehre des Staates den Krieg notwendig machte, so sollte womöglich zugleich ein positiver Gewinn dabei herauskommen, und insofern, als Hardenberg einen Krieg scheute, der Preussen keinen Vorteil brachte, kann man ihn auch friedliebend nennen.

So hat die unzeitige Vergrösserungssucht Hardenberg gehindert, sich rechtzeitig der Koalition anzuschliessen, die Preussen nur ein nach seiner Meinung ungünstig gelegenes Land zu bieten hatte, und hat jenes Kokettieren mit Frankreich verschuldet, das Preussen beim Ausbruch des Krieges fast auf die Seite dieses Staates gestellt hätte; sie hat auch jene Politik zur Folge gehabt, die in dem Potsdamer Vertrage gipfelt, wie ich genügend nachgewiesen zu haben glaube.

Nach demselben Gesichtspunkt regelt sich sein Verhältnis zu den anderen Mächten. Er ist Freund Frankreichs, weil er von ihm Vergrösserungen hofft. Das Verhältnis zu Oesterreich wechselt, wie es der Vorteil Preussens mit sich

---

1. Vergl. den Brief an Lucchesini vom 25. Mai 1804, oben S. 9.

2. Vergl. oben S. 23.

bringt. Von Russland hatte Preussen unmittelbare Vorteile weniger zu erwarten. Aber die Schwierigkeit eines Krieges mit dieser Macht gebot möglichste Rücksichtnahme, andererseits gewährte Russland immer eine Rückendeckung gegen Frankreich. Russland ist denn auch das einzige Land, mit dem Preussen dauernd in Allianz stand.

Dass Hardenberg eine solche Politik überhaupt für möglich hielt, ist jedoch nur unter der Voraussetzung denkbar, dass er die Gefahr, die der Unabhängigkeit aller Staaten von Napoleon drohte, nicht genügend erkannt habe. Hardenberg war von Haus aus kein Gegner Frankreichs, sogar ein Anhänger der Ideen von 1789. Als nun Napoleon auftrat, mit aller Welt Frieden schloss, die Revolution im Innern beendete, Ruhe und Ordnung mit teilweiser Rückkehr zum Alten herstellte, da schien endlich der Mann gefunden, dessen kräftiger Arm die Gefahr, die in dem Uebergewicht der revolutionären Propaganda lag, niederzuhalten vermochte, mit dem eine nützliche Freundschaft bestehen konnte. War man einmal in diesem Vorurteil befangen, so ist es natürlich, dass man erst allmählich, so wie die napoleonische Machtpolitik sich entwickelte, und nur ungern anderen Anschauungen Raum gab. So erklärt es sich, dass Hardenberg trotz der Besetzung Hannovers durch die Franzosen 1803 sich noch ein Jahr später völlig über die Friedensliebe Napoleons täuschte. Das rücksichtslose Vorgehen gegen Rumbold öffnete ihm zum ersten Male vorübergehend die Augen.[1] Napoleon verstand es aber nur zu gut, den üblen Eindruck wieder zu verwischen. So ging es das ganze Jahr 1805 hindurch. Hardenberg verkannte nicht mehr Napoleons Ehrgeiz,[2] aber er wünschte seine Freundschaft, weil sie nützlich werden konnte. Darum verblendete er sich immer wieder über die Natur dieses Mannes. Er hoffte ihn doch noch in Schranken halten zu können,

1. Oben S. 13 ff. Vergl. A. Wohlwill, Hist. Zt. 62.
2. Vergl. oben S. 23.

ein möglichst starkes Preussen schien ihm dafür die beste Gewähr zu bieten. Auch unterschätzte er wohl die Macht des Gegners, sein Ausspruch in der Denkschrift vom März 1805 ist dafür sehr bezeichnend.[1] Anfang 1806 ist Hardenberg indes schon so weit gekommen, dass er die Antwort Napoleons auf die preussischen Vorschläge als Probe dessen ansehen will, was man künftig von ihm zu erwarten habe. Dass sie entscheidend für Hardenberg wurde, zeigt sein Verhalten nach dem Pariser Vertrage. Jetzt endlich drang er auf eine klare Entscheidung, jeden Mittelweg verwarf er,[2] und 1807 ist er der entschiedene Gegner Frankreichs,[3] der sich in dem Bartensteiner Vertrage das hohe Ziel setzt, in Verbindung mit den noch aufrechtstehenden Staaten die Macht Frankreichs auf gerechte Grenzen zu beschränken und Europa auf sicheren Grundlagen neu zu ordnen. Dass dieser Umschwung durch die Feindschaft Napoleons und die Macht der öffentlichen Meinung bewirkt sei, lässt sich nicht länger behaupten. Indes mag es dahin gestellt sein, wie weit diese Dinge ihn in der Richtung, auf die ihn seine innere Entwicklung hindrängte, bestärkt haben.

Dass der persönliche Gegensatz zu Napoleon für Hardenbergs Politik nicht massgebend war, zeigt deutlich sein Verhalten im Jahre 1807. Derselbe Mann, der den Bartensteiner Vertrag geschlossen, fasste wenige Monde nachher, als die Niederlagen und der drohende Rücktritt Russlands einen weiteren Kampf aussichtslos erscheinen liessen, die Idee eines Bündnisses mit Frankreich und Russland zugleich, in dem Preussen eine mächtige und unabhängige Stellung in der Mitte beider Mächte einnehmen sollte. Er hoffte, dass Napoleon die Macht

---

1. S. 25.

2. Denkschrift vom 24. Februar 1806. Denkw. II, 490 ff. Vergl. ebenda S. 564 und die Denkschrift vom 18. Juni 1806 Bd. III, 34 ff.

3. Denkschrift vom 19. Februar und 3. März 1807. Denkw. V, 432 ff und 447 ff.

Preussens nicht wesentlich schwächen werde, vielmehr gedachte er eine bessere Abrundung des Staates davon zu tragen, wozu die Teilung der Türkei die Mittel gewähren sollte.¹ Zugleich wurden allerlei Mittel ausgedacht, wie Hardenberg mit Napoleon versöhnt werden könnte, bekanntlich ohne Erfolg.²

Hardenberg hat einmal seine Ansicht, dass die „grossen Interessen des Staates" unter Umständen allen andern Rücksichten vorgingen, offen ausgesprochen.³ Es soll aber damit nicht gesagt sein, dass für ihn immer nur die Staatsräson massgebend gewesen sei. Hardenberg war eine impulsive Natur, den mannigfachsten Anregungen zugänglich und nicht unbeeinflusst von seiner Umgebung. Das Unglück des Staates hat auch ihn geläutert und vertieft, und die Patrioten zählten ihn zu den ihren. Allein sie irrten, wenn sie ihn ganz und für immer gewonnen glaubten. In der ersten Hälfte des Jahres 1811 war Hardenberg keineswegs ein so entschiedener Gegner des französischen Bündnisses wie Scharnhorst und Gneisenau. Erst Napoleons feindseliges Vorgehen und die Ermahnungen dieser Freunde nötigten ihm den Entschluss ab, sich auf die russische Seite zu stellen.⁴ Auch zu Anfang des Jahres 1813 erscheint seine Haltung schwankend.

---

1. Denkschr. vom 22. Juni 1807. Denkw. III, 458 ff.
2 Denkw. III, 463 ff.
3. Denkschrift vom 30. Dez. 1805. Denkw. V, 244.
4. M. Lehmann, Scharnhorst. 2, 369 f. 376 f. Vergl. dagegen Delbrück, Leben Gneisenaus 1, 265 f. Nach Lehmann hätte H. 1811 am liebsten Krieg und Bündnis vermieden, wenn ihm aber keine Wahl blieb, zog er das französische Bündnis vor, so lange dies einigermassen günstige Aussichten darbot. Nach Delbrück war H. von vornherein für Russland, sobald dies Preussen genügende Unterstützung sicherte. Ohne auf die Kontroverse hier weiter einzugehen, sei doch bemerkt, dass auch bei Delbrück H. nicht als unbedingter Gegner Frankreichs und Freund Russlands erscheint (S. 268). Er ist Russlands nicht

Es ist schwer, Hardenbergs politische Anschauungen allseitig darzustellen. Das Moment jedoch, das alle anderen überragt und bei allem Wechsel beständig bleibt, ist das Streben nach äusserlicher Machtentwicklung. Der Staat ist ihm vor allem ein geographisch-politischer Begriff, die Macht an sich wünschenswert. Es war Hardenberg versagt, sich zu einer Höhe der Gesinnung zu erheben, die im wohlverstandenen eigenen Interesse die ganze Existenz des Staates an eine gemeinsame Aufgabe aller, an eine Idee, wenn man will, die Idee der Nationalität zu setzen bereit war.

---

gewiss (262f) und behält die französische Allianz als mögliche Eventualität im Auge (266). Uebrigens steht auch bei Lehmann, dass H. sie nur als notwendiges Uebel betrachtete (364).

Anhang.

Die Friedensbedingungen vom 11. April und 8. November 1805.
(Zu S. 68—74.)

Im 10. Separatartikel[1] des Vertrages vom 11. April 1805 beschlossen England und Russland, dem französischen Herrscher noch einmal versöhnliche Vorschläge zum Frieden zu machen. Diese finden sich in den dem Artikel angehängten „Bases de pacification."[2] Als erstrebenswertes Ziel wird bezeichnet[3]: Begrenzung Frankreichs durch Mosel, Rhein, Alpen und Pyrenäen; eine Barriere zwischen Frankreich einerseits, Italien und Holland andererseits; völlige Neutralität und Unabhängigkeit der östlichen Nachbarstaaten Frankreichs.

Die Verbündeten erkannten jedoch, dass man diese Bedingungen auf dem Wege der Unterhandlung schwerlich werde erreichen können, deshalb waren sie zu Ermässigungen bereit. Sie unterscheiden dabei, „les points que le Plénipotentiaire de S. M. Impériale devait avoir principalement en vue et ceux qui pourroient être admis comme dernier terme, si les premiers rencontraient une opposition insurmontable de la part de Bonaparte." (Im folgenden mit I und II bezeichnet.)

Um das Verhältnis des Potsdamer Vertrages zu ihnen anschaulich zu machen, mögen die wesentlichen Bestimmungen nebeneinander abgedruckt werden.[4]

1. Martens (Russie) II, 447.
2. Ebenda S. 448 ff.
3. S. 449.
4. Der Text schliesst sich an Martens an. Der Potsdamer Vertrag Bd. II, 481 ff.

Friedensbasis.	Potsdamer Vertrag.
1. ... Les hautes Parties contractantes reconnaissant la justice et l'avantage qu'il y auroit de rétablir dans leurs Etats respectifs les Souverains dépossédés, la négociation entamée par le Plénipotentiaire de S. M. I. sera fondée sur ce principe en autant que les circonstances et la sécurité future des différens Etats de l'Europe le permettront.	1. S. M. le Roi de Prusse n'ayant que le bien général en vue, et voulant en donner la preuve à l'Europe dans la sagesse et la modération de Ses demandes, ne peut prendre pour bases de ses propositions que les traités.[1]

Friedensbasis I.	Friedensbasis II.	Potsd. Vertrag.
2. L'objet le plus essentiel à obtenir en Italie est la formation d'une barrière par le rétablissement du Roi de Sardaigne en Piémont avec une augmentation de territoire suffisante pour mettre ce Prince à même de veiller à sa propre sûreté qui devroit être garantie par un engagement formel et précis de la part de la France de respecter son indépendance pleine et entière.	2. Si ... le rétablissement du Roi de Sardaigne en Piémont, ne pouvait être obtenu, les P. c. seroient encore disposées à concéder que ce pays serve d'apanage à l'un des frères ou parens de Bonaparte avec les arrangemens autant qu'ils peuvent se faire, pour que le nouvel état jouisse d'une indépendance absolue, ne puisse jamais être réuni à la France et pourvu qu'alors S. M. le Roi	2. Tout ce que l'Autriche a consenti à laisser en propriété à la France par la paix de Lunéville, ou par d'autres conventions postérieures, pourra rester au pouvoir des François. (Vergleiche: Neumann, Recueil des traités et conventions conclus par l'Autriche II, 28. Art. II secret: Tous les changemens survenus en Italie, depuis le Traité de Lunéville, sont reconnus. 26. Dez. 1802. Vergl. oben S. 68.)

---

1. Der Gegensatz im Princip hätte oben (S. 68) mehr betont werden sollen.

Friedensbasis I.	Friedensbasis II.	Potsd. Vertrag.
	de Sardaigne obtienne un établissement solide en Italie qui le mette à même de garantir la sûreté future de cette contrée avec l'assistance de la Maison d'Autriche, qui recevroit à cet effet une frontière militaire mieux assurée de ce côté. (Entschädigung für den König von Sardinien:)	Le Roi de Sardaigne recevra . . . :
	1°. Que le Roi de Sardaigne reçoive la République Italienne jusqu'à la jonction du Pô avec les limites du Parmesan, les Etats de Parme et de Plaisance et l'Etat de Gênes, ou bien:	1°. La République Italienne jusqu'à la jonction du Pô avec les limites du Parmesan, les Etats de Parme et de Plaisance et l'Etat de Gênes; ou bien
	2°. Que le Roi de S. r. l'Etat de Gênes, ceux de Parme et de Plaisance avec le territoire compris entre le Pô et la Toscane, ou bien enfin:	2°. L'Etat de Gênes, ceux de Parme et de Plaisance, avec le territoire compris entre le Pô et la Toscane; ou bien
	3°. Que le R. de S. r. l'Etat de Gênes et ceux de Parme et de Plaisance, avec la ville et la forteresse de	3°. L'Etat de Gênes, et ceux de Parme et de Plaisance avec la ville et forteresse de Tortone, Lucques, Massa,

Friedensbasis I.	Friedensbasis II.	Potsd. Vertrag.
	Tortone, Lucques, Massa, Carrara, une frontière dans le Bolonois et le Modenois en tout ou en partie.	Carrara, une frontière dans le Bolonois et le Modenois en tout ou en partie; ou bien enfin, s'il étoit impossible d'atteindre une des trois premières alternatives,
		4°. Parme et Plaisance et la République Ligurienne.
Si ce point important (Piemont und Sardinien) étoit obtenu, les hautes Parties contractantes croiroient pouvoir, si les circonstances l'exigeoient, se prêter avec moins de danger, aux vues de Bonaparte pour l'arrangement du reste du Nord de l'Italie; lui permettre même d'y établir un des siens, toutefois avec les assurances réquises pour que l'indépendance du nouvel état soit pleinement garantie et en cherchant, d'en diminuer l'etendue par l'application d'une des combinaisons détaillés plus bas.	Le restant de la République Italienne dans ces trois hypothèses deviendroit un sujet de négociation. ... on pourroit proposer dans le premier cas susmentionné de rétablir le Duc de Modène dans ces anciens états et de joindre les trois légations en tout ou en partie au Royaume d'Etrurie; dans le second cas de placer l'Electeur de Salzbourg à Milan et le Duc de Modène à Bergame et Brescia avec des arrondissemens convenables pris sur le Mantouan. Dans le troisième cas l'une et l'autre	... la reconnaissance du nouveau Roi de Lombardie, dont la couronne sera d'abord séparée de celle de France, avec toutes les clauses d'indépendance ci-dessus énoncées.

Friedensbasis I.	Friedensbasis II.	Potsd. Vertrag.
	de ces combinaisons pourroient trouver place.	
	. . . la cession de Montoue à l'Autriche avec la frontière que cette possession exigeroit . . .	L'Autriche recevra pour frontière, du côté de l'Italie, le Mincio et le Pô avec Mantoue, la Polisina de Rovigo y comprise, pour prix de la reconnaissance etc. wie oben.
3. (Die Verbündeten fordern) le rétablissement du Stadthouderât héréditaire en faveur de la Maison d'Orange avec la cession à la Hollande d'Anvers et du territoire compris derrière une ligne, tirée de cette ville à Maestrich et avec une promesse explicite de la France de permettre la construction d'une ligne de forteresses pour la défense des provinces unies.	3. Si cette proposition n'étoit acceptée, les Hautes Parties contractantes se contenteroient de l'établissement en Hollande d'un Gouvernement pleinement indépendant tel que l'étoit le Stadthouderât héréditaire dans la Maison d'Orange avec la permission de fortifier à son gré les limites que l'on obtiendroit pour la Hollande et qu'il seroit à désirer de rendre au moins telles qu'elles étaient avant la guerre passée.	3. Eine entsprechende Bestimmung fehlt.

Friedensbasis.		Potsdamer Vertrag.
4. . . . Leurs Majestés croyent nécessaire de convenir qu'Elles n'envisageront comme réelle la		4. L'indépendance de Naples, de la Hollande, de l'Empire Germanique et de la Suisse

| Friedensbasis. | Potsdamer Vertrag. |

| neutralité et l'indépendance absolue de la Suisse entière, de la Hollande, de l'Italie et de l'Empire Germanique, que dans le cas où le Gouvernement François souscriroit aux points suivans: | seront assurées par l'adhésion de la France aux points suivans: |

1°. L'évacuation immédiate et plénière de ceux de ces pays qui sont occupés par les Troupes Françoises.

1°. L'évacuation immédiate et plénière, après la paix, de ceux de ces pays qui sont occupés par les troupes françoises.

2°. La liberté pour tous en général et particulièrement pour la Suisse de se donner telle forme de Gouvernement qu'ils jugeroient convenable.

2°. La liberté pour tous en général, et particulièrement pour la Suisse, de se donner telle forme de gouvernement qu'ils jugeroient convenable, et de former telle alliance qu'il croiront nécessaire à leur bien et à leur sûreté.

3°. La liberté de construire des forteresses pour leur défense.

3°. La liberté de construire des forteresses pour leur défense.

5. Comme il est à prévoir que Bonaparte . . . affectera un désir marqué de voir les Troupes Russes évacuer les Sept-Isles, S. M. I. autorisera son Plénipotentiaire à souscrire à cette mesure, en ayant soin toutefois de ne point comprendre dans cette évacuation la première garnison qui a été introduite dans ce pays à la demande de la Porte et de l'aveu de la France pour en protéger l'organisation et en assurer la tranquillité intérieure.

5. S. M. I. trouvera un motif dans ces sûretés (oben 1—3.) pour retirer les troupes de Corfou.

(Article séparé et secret II.)
S. M. I. a même des motifs de croire que le Chef du Gouvernement françois, qui dans deux lettres a engagé et pressé la Russie de prendre des mesures pour mettre fin aux désordres qui troublaient les Sept-Isles, ne sera pas éloigné de souscrire

Friedensbasis.	Potsdamer Vertrag.
	à ce que S. M. I. d'accord à cet égard avec la Porte Ottomanne, y conserve une garnison qui ne surpasse pas quinzecents hommes, pour y maintenir l'ordre et la tranquilité, jusqu'à ce pays ait acquis quelque consistance.
Le Plénipotentiaire de S. M. I. conviendroit également alors des mesures nécessaires pour garantir d'une manière solide l'indépendance de la République Ionienne, condition qui deviendroit indispensable, si l'évacuation totale de Sept-Isles par les Troupes Russes pouvoit être présentée par Bonaparte comme *sine qua non* de la paix.	S. M. I. ... ne balancera pas à retirer Ses troupes de la République Ionienne, ... si Bonaparte faisoit de cet objet une condition *sine qua non;* mais ... il se verra constamment forcé d'envisager comme une condition indispensable de la retraite de Ses troupes, que l'indépendance de la République Ionienne soit efficacement assurée et garantie.

Ueber Bestimmungen, die nur in Einem Vertrage stehen, vergl. oben S. 70. Die in der Friedensbasis vorgesehenen Abtretungen Englands (Martens II, 455) fielen in Potsdam von selbst fort, da England nicht am Vertrage teilnahm.

Verzeichnis der abgekürzten Büchertitel.

Bailleu = Bailleu, Preussen und Frankreich von 1795 bis 1807. 2 Bde. (Publ. a. d. K. preuss. Staatsarchiven).

Beer = A. Beer, Zehn Jahre österreichischer Politik 1801—1810.

Denkw. = Denkwürdigkeiten des Staatskanzlers Fürsten von Hardenberg, her. v. L. v. Ranke, 5 Bde.

Duncker = Abhandlungen aus der neueren Geschichte von Max Duncker.

Häusser = L. Häusser, Deutsche Geschichte vom Tode Friedrichs d. G. bis zur Gründung des deutschen Bundes. 3. Aufl. (= 4. Aufl.).

Hist. Zeit. = Historische Zeitschrift.

Lefèbvre = A. Lefèbvre, Histoire des cabinets de l'Europe IIe éd. Vol. II.

Martens (Russie) = Martens, Recueil des traités et conventions conclus par la Russie.

Mazade = Mémoires du prince Czartorgski et correspondance avec Alexandre Ier

Oncken = Oncken, Oesterreich und Preussen im Befreiungskriege. Bd. II.

Sbornik = Sammlung (Sbornik) der russischen histor. Gesellschaft. Petersburg.

Druck von E. Ebering, Berlin.